厚山 詩文選集

후산 시문선집

지만지한국문학의 <지역 고전학 총서>는
서울 지역의 주요 문인에 가려 소외되었던
빛나는 지역 학자의 고전을 발굴 번역합니다.
'중심'과 '주변'이라는 권력에서 벗어나
모든 지역의 문화 자산이 동등한 대우를 받을 수 있도록 합니다.
지역 학문 발전에 이바지한 지역 지식인들의 치열한 삶과 그 성과를 통해
새로운 지식 지도를 만들어 나갑니다.

지역 고전학 총서

厚山 詩文選集

후산 시문선집

정재화(鄭在華) 지음

정우락 옮김

대한민국, 서울, 지만지한국문학, 2022

편집자 일러두기

- 이 책은 후산 정재화의 미간행 친필 필사본
  ≪후산졸언(厚山拙言)≫을 원전으로 삼아, 그 가운데
  시문(詩文)을 발췌해서 번역한 것입니다.
- ≪후산졸언≫ 가운데 시(詩)는 완역했고, 문(文)은 작자의
  학통과 세계관이 비교적 잘 드러난다고 판단한 '정재기의
  묘도비문', '정종호의 행장', <후산기>만을 번역했습니다.
- 여기동이 쓴 <후산기> 발문이 ≪자계집(紫溪集)≫에 실려
  있어 함께 번역해 참고가 되도록 했습니다.
- 여기동이 쓴 정재화의 행장을 함께 실어 작자의 생애를
  상세하게 알 수 있게 했습니다.
- 시는 원문을 번역문 뒤에 실어 함께 참고하도록 했고, 문은
  번역문만 실었습니다.
- 만사는 내용을 압축한 제목을 다시 붙여 독자가 쉽게 이해할 수
  있도록 했습니다.
- 번역은 한글 전용을 원칙으로 하고, 인명(人名), 고유명사,
  서명(書名), 추상적 개념 등 한자 표시가 필요할 때는 괄호로
  병기했습니다.
- 주석과 해설은 모두 독자의 이해를 돕기 위해 옮긴이가 작성한
  것입니다.
- 주석은 인용 원전에 대한 전거, 인명, 방증 자료, 역사적 개념,
  전문 용어 등을 중심으로 달았으며, 짧은 주석은 본문에 바로
  제시했습니다. 예) 상황(上皇, 고종 황제)
- 한글에 한자를 병기할 때 괄호 안의 말과 바깥 말의 독음이
  다르면 [ ]를 사용하고, 번역어의 원문을 표시할 때는 ( )를
  사용했습니다. 또 괄호가 중복될 때에도 [ ]를 사용했습니다.

- 등장하는 인물은 가능한 대로 생몰 연대를 찾아 표기했고, 알 수 없는 것은 '?~?'로 표시했습니다.
- 중국의 인명과 지명은 신해혁명을 기준으로 과거의 것은 한자 독음으로 표기하고 현대의 것은 국립국어원의 중국어 표기법에 따라 표기했습니다.

차 례

시(詩)

문(文)

부록

<지역 고전학 총서>를 펴내며

고전은 시간과 공간에 의해 1차적으로 규정을 받으며, 지금 이곳을 우리에게 의미 있는 메시지로 전달할 수 있는 텍스트를 말한다. '고전'은 역사적으로 상대적인 개념이므로, 고정불변의 권위를 특별히 갖지는 않는다. 보편성을 갖는다고 여겨지는 텍스트들의 경우, 그것이 고전이라 일컬어지는 것은 여전히 지금 여기의 문제를 논의하는 데에 유용하기 때문이다. 그 이상도 이하도 아니다. 이를테면 ≪논어≫가 고전일 수 있는 이유는 '공자의 ≪논어≫'라서가 아니라 지금 이곳을 위해 ≪논어≫ 속 지혜가 필요하기 때문이며, ≪사기≫를 읽어야 한다는 것도 '사마천의 ≪사기≫'라서가 아니라 지금 이곳을 살아가는 인간의 문제를 이해하는 데 중요한 시사점을 제공하기 때문이다. '고전 목록'이 시기별, 주제별로 제작되어야 하는 이유가 바로 여기에 있다.

그런 점에서 고전은 철저하게 '지역'에 복무한다. 지역은 지금 이곳의 다른 말로서, 시간과 공간으로 규정되는 인간의 삶 자체를 뜻한다. '지역'을 특정 공간으로 한정해선 안 되는 이유가 바로 여기에 있다. 또한 '지역'을 중심과 상대되는 주변으로 환치해서도 안 된다. 중심도 지역이요, 주변도 지역이기 때문이다. 우리는 '지역'을 인간의 삶이 실질적으로 구현되는 장소, 시간과 공간의 좌표에 의해 구분되는 인간적, 인문적 영역으로 이해한다. 곧 특정한 장소는 상상의 중심에 의해 주변화한 곳이 아니라, 그 자체로 하나의 시간과 공간에 의해 규정된 사람들의 삶 자체를 의미하는 것이다.

따라서 '지역'에서 생산된 텍스트, 특히 한문 고전은 무엇이든 의미가 있다. 모두 특정 주체들의 이성과 감성을 함유하고 있기 때문이다. 특히 한문 고전을 주목하는 이유는 그 안에 우리 전통의 삶이 지혜로 녹아 있기 때문이다. 지역은 한글이 일상어가 된 근대 이후에도 한문 고전을 생산하고 있었다. 우리는 이 지점도 주목한다. 지역의 한문 고전은 바로 얼마 전까지만 해도 우리 삶을 보여 주는 텍스트였던 것이다. 우리가 '지역'과 '고전'을 하나로 붙이고, 지역의 모든 인문적, 인간적 생산물을 주목하는 것은 바로 이 때문이다.

그러나 '지금 이곳'의 다른 말로 '지역'을 주목하고, '이곳'에서 생산된 한문 고전을 텍스트로 읽고자 하는 데에는 더욱 중요한 사고가 바탕을 이루고 있다. 바로 인간의 생명 그 자체를 존중하고 평등하게 대하는 태도다. 살았던 것/살아온 것/살아갈 것은 모두 존중받을 필요가 있으며, 이들에 의해서 생성된/생성되고 있는/생성될 텍스트는 모두 평등한 가

치를 부여받아야 한다. 학연이든, 지연이든, 권력이든, 소용(所用)이든, 그 어떤 이유로도 생명(우리는 문헌도 하나의 생명으로 간주한다)에 대해 차별할 근거는 없다. '지역'의 편언척자(片言隻字)조차도 의미 있다고 여기는 이유가 바로 여기에 있다. ≪사기≫를 짓기 위해 산천을 거듭 다녔던 사마천의 마음과, 조선 팔도를 수차례 걸어 다니며 작은 구릉과 갈래 길도 세세히 살폈던 김정호의 생각을 떠올려 본다.

이제, 우리는 '지역'에서 생성된 텍스트에 생명을 불어넣고 의미를 부여하는 작업을 시작할 것이다. 그동안 이들은 '생명 없는 생명체'였으며, '고립된 외딴섬'이었다. 비록 미약하지만 이후로 하나씩 '살아 있는 생명체'가 될 수 있도록 소중하게 발굴하고 겸손하게 살피고 애정으로 복원해 21세기 한국 사회의 지적 자산으로 확보하고자 한다. 그 방법은 단순하고 명쾌하다. 가까운 곳에서부터 하나씩 '고전'을 발굴하고 복원하는 것이다. 우리는 저들이 우리의 곁에 존재했건만 아직 손대지 못했음을 반성한다. 이후 복원된 생명들이 아름답게 어우러져 훌륭한 인간적, 인문적 세계를 이룰 수 있기를 기대해 본다. 많은 분들의 동참을 기다린다.

2022년 8월

지역 고전학 총서 기획 위원회

시(詩)

1. 삼종숙1)의 만취정 시운에 차운함2)

오창정(五蒼亭)3) 위 봉비암(鳳飛巖)4) 동쪽

돌 쌓고 초가 이어 이 일을 마쳤다네

선조를 이어 스스로 선영 가까이 있어

세상을 피해 본시 세상길 오르지 않았네

예쁜 복사꽃은 후산(侯山)의 정취를 알 만하고5)

---

1) 삼종숙(三從叔) : 삼종숙은 아버지의 8촌 형제다. 여기서는 정묵용
(鄭黙容, 1865~1948)을 말한다. 그는 한강(寒岡) 정구(鄭逑, 1543~
1620)의 후손으로 호가 신암(愼菴)인데, 성주 지촌에 살면서 그 뒷산에
만취정을 건립하고 시운을 남겼다. 작자는 그가 죽자 만사를 지어 슬퍼
하기도 했다.

2) 을축년(乙丑年, 1925)에 지은 것으로, 당시 작자의 나이는 21세였
다.

3) 오창정(五蒼亭) : 한강 정구가 1604년(선조 37) 봄에 세운 정자로 한
강대 북쪽에 있었다. '오창'이란 위도 푸르고 아래도 푸르며 앞도 푸르
고 뒤도 푸른데, 그 중앙에 주인도 창안백발(蒼顔白髮)의 모습을 하고
있다는 뜻을 취해 붙인 이름이다. ≪한강언행록≫ 권3.

4) 봉비암(鳳飛巖) : 경북 성주의 회연 서원 뒤에 있는 우뚝 솟은 바위
벼랑으로 <무흘구곡(武屹九曲)>의 제1곡에 해당한다. 여기에 한강
정구의 시 <회연초당에 쓰다(題檜淵草堂)>가 바위에 새겨져 있다.

3

늘은 소나무는 율리(栗里)의 풍치를 띠고 있네6)

편액 사이에서 읊조리는 만취(晚翠)의 뜻

자손들이 이어 가며 백년을 함께하리

次三從叔晚翠亭韻

五蒼亭上鳳飛東　築石編茅訖此功

紹先自有先塋近　遯世元無世路通

桃夭可掬侯山趣　松老幾經栗里風

爲誦扁間含晚意　孫曾繼述百年同

------

5) 예쁜 복사꽃은… 알 만하고 : '도요(桃夭)'는 ≪시경≫ <주남(周
南)>의 편명으로 주나라 문왕의 후비인 태사(太姒)가 후비가 투기하
지 않으면 남녀가 바르게 되고, 혼인을 제때에 하게 되면 나라에 홀아
비인 백성이 없게 됨을 읊은 시다. '후산(侯山)'은 기산(箕山)의 다른 이
름으로, 지금의 중국 허난성(河南省) 덩펑현 남동쪽에 있는 산이다. 요
임금 때 은자인 소보(巢父)와 허유(許由)가 벼슬을 마다하고 이곳에 숨
어 살아 유명해졌다. 여기서는 정자의 주인 정묵용이 자연 속에 은거하
고 있지만 집안에서 가족들과 행복하게 지내는 것을 의미한다.

6) 늘은 소나무는… 띠고 있네 : 율리(栗里)는 지금의 중국 장시성 주장
시에 있는 도연명(365~472)의 고향인데, 그는 <귀거래사(歸去來
辭)>에서, "햇살은 흐릿하게 저물려고 하는데, 외로운 소나무를 어루
만지며 서성이도다(景翳翳以將入, 撫孤松而盤桓)"라고 했다. 여기서
는 정자의 주인 정묵용의 정취를 도연명의 정취에 비겼다.

4

2. 죽음으로 편안한 어른의 덕[7] ─ 이덕후[8] 만사

벽진의 높은 가문이 바로 공의 집
대대로 전하는 규모를 누가 더할 수 있으리
간중(簡重)한 풍채는 하늘도 퇴색시킬 수 없고
나아가 닦은 공부는 늙을수록 깊고 아름다웠네
후생은 어디에 의지하리, 슬프고 슬프도다
죽음으로 편안한[9] 어른의 덕에 다시 무슨 흠 있으리
한 무더기 무덤[10]은 오히려 옛 물건인데

─────

7) 무진년(戊辰年, 1928)에 지은 것으로, 당시 작자의 나이는 24세였다.

8) 이덕후(李德厚, 1855~1927) : 벽진 이씨로 자는 경재(景載), 호는 면와(勉窩)다. 경북 성주군 초전면 명곡(椧谷, 속칭 홈실)에 살았다. 이진상(李震相)과 장복추(張福樞)의 문인으로 파리 장서에 서명했으며, 곽종석(郭鍾錫)·이두훈(李斗勳) 등과 도의로 사귀었다.

9) 죽음으로 편안한 : 장재(張載)는 <서명(西銘)>에서, "살아서는 내 하늘에 순응하고, 죽어서는 내 편안하다(存吾順事, 沒吾寧也)"라고 했다. 《장자전서(張子全書)》 권1.

10) 무덤 : 백양(白楊). 두보(杜甫)의 시 <장유(壯遊)>에 "두곡에 노인들 이미 많이 죽어, 사방의 들에는 백양이 많구나(杜曲晚耆舊, 四郊多白楊)"라고 했다. 고대 중국에는 무덤 주변에 백양을 많이 심었는데,

북망가 몇 곡조에 눈물이 강물처럼 흐르네

挽勉窩李丈 德厚

碧珍崇閥是公家　傳世規模孰有加
簡重風儀天不渝　進修工業老深佳
安倣後生堪可愴　沒寧丈德復何瑕
一片白楊猶舊物　薤歌數闋淚河斜

전(轉)해서 무덤을 가리키는 말로도 쓰인다.

3. 북망가 속의 한 3수[11] − 노상직[12] 만사

　　3월 금곡 언덕[13]에서 눌옹(訥翁)을 장사하니
　　눌옹의 사업, 누가 있어 이 같을꼬
　　10대의 유업[14]을 이어받은 옥촌(沃村)[15]의 후예
　　일방의 명정(銘旌)이 성문(性門)[16]을 공허하게 하네

---

11) 신미년(辛未年, 1931)에 지은 것으로, 당시 작자의 나이는 27세였다.

12) 노상직(盧相稷, 1855~1931) : 본관은 광주, 자는 치팔(致八), 호는 소눌(小訥)이다. 허전(許傳)의 문인으로 파리 장서에 서명했으며, 1934년에 간행한 48권 25책의 ≪소눌집(小訥集)≫이 전한다.

13) 금곡 언덕 : 김해시 한림면 금곡(金谷)을 가리킨다. 현재 노상직의 묘소는 서울의 의병 유공자 묘역으로 옮겼으며, 묘비는 금곡 마을 입구에 세워 두었다.

14) 유업 : 전청(氈靑). 청전(靑氈)이라고도 한다. 집안의 오래된 물건이나 유업(遺業)을 말한다.

15) 옥촌(沃村) : 노극홍(盧克弘, 1553~1625)을 말한다. 본관은 광주, 자는 의보(毅甫), 호는 옥촌으로 창녕(昌寧)에서 출생했다. 외삼촌인 한강 정구의 문하에서 수학했다. 노상직은 노극홍의 10대손이다.

16) 성문(性門) : 성재(性齋) 허전(許傳, 1797~1886)의 문하를 말한다. 노상직은 허전의 문하에서 수학해 대성했음을 염두에 둔 것이다.

도는 언행에 있으니 행동을 으뜸으로 삼아
일생 동안의 효제는 하늘에 바탕한 것이었네
세상에서 어찌 문사(文辭)하는 자로 폄훼하는고
비루해라, 먼 훗날에도 이렇게 하진 못하리

지난해 회연에서 뵙던 8월 어느 때
시냇가에서 종일토록 예로써 주고받았네
문하에 들지도 못했는데 세상을 떠나시니[17]
북망가 속의 한은 끝이 없구나

挽盧小訥 相稷 三首

三月金陵葬訥翁　訥翁事業有誰同
十代氈青沃老後　一方幟赤性門空

道在云爲行以先　一生孝悌植於天
世間豈乏文辭者　陋矣不能來後千

淵上曾年八月秋　臨流賣日禮相酬
登門未及成千古　薤露歌中恨不休

4. 안으로 온축한 옥빛 3수[18] — 김형모[19] 만사

문채 나는 서산(西山)[20] 선생이여
문충공(文忠公)[21]의 효를 추모했네
천추로 이어지는 공변된 도맥을
공이 또한 집안에서 이어받았네

옥이 어찌 한갓 바깥으로 그 빛 드러내리오
비로소 안으로 온축함이 있다는 것을 알겠네

---

18) 임신년(壬申年, 1932)에 지은 것으로, 당시 작자의 나이는 28세였
다.
19) 김형모(金瀅模, 1856~1930) : 본관은 의성, 자는 범초(範初), 호는
가산(柯山)으로 경상북도 안동 출신이다. 김성일(金誠一)의 후손으로
김흥락(金興洛)의 문하에서 수학했으며, 장석영(張錫英)·이상룡(李
相龍) 등과 교유했다.
20) 서산(西山) : 서산 김흥락을 가리킨다. 김형모는 학봉 김성일의 후
손으로 석문정(石門亭)에서 향약을 실행하는 한편 ≪퇴계서절요(退溪
書節要)≫를 교정했다.
21) 문충공(文忠公) : 학봉 김성일을 가리킨다. 김형모가 김성일의 후
손이기 때문이다.

말은 곧아 몸소 행한 뒤 일치함이 있었고
칠십 평생 동안 도를 지켜 공을 이루었다네

이른 봄 매원(梅院)에서 함께 자리했을 때
눈 녹은 물이 월당(月堂) 처마에서 떨어졌었지
경계하시던 훌륭한 말씀 오히려 귓가에 있는데
바로 아첨(牙籤)22)에 기록해 두지 못했구나

挽柯山金丈 瀅模 三首

有斐西山老 文忠孝思追
千秋公道脈 公又乃家私

玉色豈徒外 始知有蘊中
聲直當身後 七旬衛道功

---

22) 아첨(牙籤) : 아첨은 상아(象牙)로 만든 책갈피를 말한다. 한유(韓
愈)가 <송제갈각왕수주독서(送諸葛覺往隨州讀書)>에서 "업후의 집
에는 서책이 많으니, 서가에 삼만 두루마리가 꽂혀 있네. 일일이 상아
책갈피를 달아 놓았는데, 새롭기가 손도 안 댄 듯하네(鄴侯家多書, 架
挿三萬軸. 一一懸牙籤, 新若手未觸)"라고 한 데서 온 것이다. 여기서
는 좋은 말을 종이 등에 적어 두지 못한 것을 아쉬워한 표현이다.

春生梅院座 雪滴月堂簷
警筬猶在耳 非直記牙籤

5. 다음에 만나자 하시더니 2수[23] — 김영학[24] 만사

우리는 모두 좋은 시절이 아님을 탄식하노니
가난[25]이 어찌 또 철인의 몸에 왔는가
하늘을 우러러보며 일흔 평생 도를 행하고
여가에 사서(史書)를 읽으며 천륜을 즐겼다네

지난해 은곡의 평상 가에서 모셨을 때
한 말씀 간절하게 다음에 만나자 하셨네

---

23) 계유년(癸酉年, 1933)에 지은 것으로, 당시 작자의 나이는 29세였다.

24) 김영학(金永學, 1869~1933) : 본관은 의성, 자는 경가(敬可), 호는 곡은(谷隱) 혹은 병산(甁山)이다. 성주에 살았으며 이유선(李有善)과 이종기(李種杞)의 문인이다. 《교남지(嶠南誌)》.

25) 가난 : 원문은 '누공(屢空)'. 밥그릇이 자주 비었다는 뜻으로, 청빈(淸貧)에 만족하면서 가난하게 사는 것을 말한다. 《논어》 <선진(先進)>에 "안회(顔回)는 거의 도에 가까웠으나, 자주 쌀궤가 비었다(回也其庶乎, 屢空)"라고 했고, 도잠(陶潛)의 <오류선생전(五柳先生傳)>에는 "보잘것없는 음식도 자주 먹지 못했다(簞瓢屢空)"라고 했다.

가야산 봄빛은 예전처럼 돌아왔지만
주인은 무슨 일로 신선이 되어 떠나셨나

挽谷隱金丈 永學 二首

吾黨無非歎不辰　屢空焉又哲人身
爲仰七旬行素道　暇餘書史樂天倫

去年隱谷倍床邊　一語丁寧告後緣
伽峀春光依舊返　主翁何事處登仙

6. 이수정[26] 시에 차운함[27]

지난번 고양(高陽)[28]의 객으로 가서 처음 듣고
주인께서 이수정에 살고 있다는 것을 알게 되었네
엎드려 풍진 세상을 멀리 저자 밖으로 막고
먼 산사에서 가끔씩 울리는 저물녘 종소리 듣는다네
오랜 세월 상마우로(桑麻雨露)에 부모 그리는 정 더하고
좋은 날엔 시와 술로 자리가 비지 않았네
영천(靈泉)의 물 실컷 마셔 오래 살 수 있으니
돈대 위에선 신선 그리며 즐거움이 흡족하네

---

26) 이수정(二水亭) : 경북 고령군 대가야읍 고아리에 있는 정자로 박
지화(朴芝華)가 지었다.

27) 갑술년(甲戌年, 1934)에 지은 것으로, 당시 작자의 나이는 30세였
다.

28) 고양(高陽) : 고령의 옛 이름. 《경상도지리지》 고령현 조에 고령
에 대해 "전해 오는 이야기로서 고려 때 고양대도호부로 칭했고, 또 영
주목관으로 칭했다"라고 했다.

次韻二水亭

羈客高陽聞說初　主人知有二亭居
俯壓風塵遙市外　隔聽山寺暮鍾疎
永年霜雨時增感　勝日詩樽座不虛
靈泉滿肚能延壽　坮上懷仙樂自如

7. 내 슬픔 타인보다 특별해[29] − 허채[30] 만사

공의 서거에 뉘 슬퍼하지 않으리오마는
나의 슬픔은 다른 사람보다 특별하다네
눈을 들어 지금의 천하를 보면
어두운 풀숲의 짐승 사는 굴 같다네
강상의 도는 모두 사라져 버렸고
그 나머지는 말할 겨를도 없다네
우리 영남의 몇 분 장로께서
옛 철인을 이은 것은 얼마나 다행이었던가
살아 계실 때 이미 세상 교화를 도왔지만
돌아가심에 어찌 모든 것이 갑자기 끝나는고
하물며 공은 정맥에 연원하시어
냉천(冷泉)[31]을 일찍부터 스승 삼았다네[32]

---

29) 을해년(乙亥年, 1935)에 지은 것으로, 당시 작자의 나이는 31세였
다.
30) 허채(許埰, 1859~1935) : 본관은 김해, 자는 경무(景懋), 호는 금
주(錦洲)다. 성재 허전의 문인으로 밀양 단장에 살았다. 15권 8책의
≪금주집(錦洲集)≫이 있다.

한마음으로 두려워하고 조심해

우리 유가의 학문을 목표로 하셨네

쌓이고 쌓인 진실한 공은

거의 상하를 꿰뚫었다네

지금 홀연히 떠나 선계로 가셨으니

후학은 누가 있어 이끌어 줄꼬

일찍이 바닷가에서 만나 뵈었더니

어찌 영원토록 이별할 것을 알았으리

아드님은 유가의 인망이 무겁고

손자는 우리 무리에서 뛰어나다네

장차 강론하는 일 없으리니

세월 다하기를 서로 기다릴 뿐

---

31) 냉천(冷泉) : 성재 허전의 강학처인 서울 돈의문 밖에 있었던 냉천
(冷泉)을 말하며, 그의 다른 호이기도 하다. 허전의 문인록 제목 역시
≪냉천급문록(冷泉及門錄)≫이다.

32) 스승 삼았다네 : 입설(立雪). 정명도(程明道)의 제자인 사양좌(謝
良佐)와 양시(楊時)가 눈이 오는 어느 날 스승을 찾아갔는데, 마침 스
승이 사색 중이었다. 이에 두 제자는 스승의 명상을 방해하지 않기 위
해 문밖에 서서 눈을 맞으며 스승을 기다렸다. 이로 인해 입설은 제자
의 스승 존경을 이르는 말이 되었다. 여기서는 허채가 허전의 제자가
되었음을 말한다.

挽許錦洲 琛

公逝孰不痛　我痛於人別
舉目今天下　草昧鳥獸穴
綱常道盡消　其餘不遑說
吾嶺數長老　何幸繼往哲
存旣扶世敎　沒何總瞽矈
況公淵源正　冷泉早立雪
一心戰復兢　指的吾家轍
積積眞工細　庶幾下上徹
今忽去上仙　後學孰提挈
曾年海上晤　豈識千古訣
胤公儒望重　或房吾儕傑
爲將末講業　相期歲晏竭

8. 한결같은 마음이여 3수[33] — 허채 만사

성재께서 불권당(不倦堂)[34]을 열어 강학하시니
남주의 유생[35]들이 다투어 나아가 배웠네
훌륭한 문장을 짓는 이 많다고 말하지 말라
연원은 진실로 학문의 방법을 아는 데 있나니

해치지 않고 탐내지도 않으면서[36] 다시 자강하니
여든 평생의 도가 일상을 삼가는 데 있었네
허물 적게 하려던 한결같은 마음 이제 그만이니
돌아가시어[37] 이로부터 저승에서 즐거우시리

---

33) 사종형(四從兄) 정재철(鄭在哲)을 위해 대신해서 지은 것이다.
34) 불권당(不倦堂) : 경기도 안산에 있었던 성재 허전의 강학처이자
별호다. 허전은 여기서 90세의 나이로 세상을 떠났다.
35) 유생 : 원문은 '봉액(縫掖)'으로, 유생들이 입었던 소매가 넓은 옷을
의미하는데, 전해서 유생(儒生)이 되었다.
36) 해치지 않고 탐내지도 않으면서 : ≪시경≫ <웅치(雄雉)>에 "그
대 모든 군자들이여, 덕행을 모르는가? 해치지 않고 탐내지 않는다면,
어찌 선하지 않으리오?(百爾君子, 不知德行. 不忮不求, 何用不臧)"라
고 했다.

연세 높고 덕 높으며 몸 또한 강녕하시더니
이날 홀연히 들보가 꺾일 줄을 어이 알았으리
못난 소생은 주씨와 진씨의 세의[38]는 없지만
옛날 이끌어 주시던 것을 생각하니 창자가 끊어질 듯하네

挽許錦洲 三首

性老爲開不倦堂　南州縫掖競趨蹌
莫道文章多巨拇　淵源亶在學知方

不忮不求更自强　八旬道在愼平常
寡過一念今而已　偃息從玆樂彼岡

年劭德高體韻康　那知是日忽摧梁
鯫生不但朱陳誼　念昔提撕寸寸腸

---

37) 돌아가시어 : '언식(偃息)'은 '언휴(偃休)'와 같은 것으로 죽음을 뜻
한다.
38) 주씨와 진씨의 세의 : 주진의(朱陳誼)는 주씨와 진씨의 두터운 세
의(世誼)를 말한다. 서주(西周)의 주진촌(朱陳村)에는 주씨와 진씨만
살아 대대로 두 가문이 혼인을 했으므로, 전해서 양가의 두터운 세의를
뜻하게 되었다.

9. 문장은 행실의 나머지[39] ― 허채 만사

금주께서 또 지하로 들어가시니
밀성[밀양]이 드디어 적막하게 되었네
일찍이 성로(性老, 허전)의 가르침을 받았고
친히 만옹(晩翁, 이종기)의 지결을 받았다네
연원은 바르면서 무거운데
경계는 전수받고 익히지 않음[40]에 있었네
문장은 행실의 나머지 일이요
일상생활을 돌아보고 삼갔네
이미 다른 사람에게도 구하지 않았는데
또 어찌 스스로를 드러내 꾸미겠는가
순수한 의표는 넉넉하고 도타웠고
온화한 말씀은 질박하고 곧았다네

―――――

39) 사종형(四從兄) 정재직(鄭在稷)을 위해 대신해서 지은 것이다.
40) 전수받고 익히지 않음 : 증자가 "나는 날마다 세 가지로 자신을 반
성한다. 남을 위해 일을 꾀함에 충성스럽지 못했던가? 붕우와 사귐에
미덥지 못했던가? 전수받은 것을 익히지 못했던가?(傳不習乎)"라고 했
다. 《논어》 <학이(學而)>.

마음은 편안한 분수에 머물고

행실에는 불평한 곳이 없었네

아, 세상의 위인지학(爲人之學)은

바르지 못해 저 세속을 따르는구나

세속을 따르는 것이 어찌 낮기만 하며

굳세고 격렬함도 실(實)만은 아니라네

공은 주산(珠山)⁴¹⁾의 고요함이 있어

저물 무렵에는 편안히 쉬는구나⁴²⁾

홀로 선한 것이 그 신심에 있으니

내 행동을 나 스스로 즐겼다네

새벽에 일어나 의관을 바로 하고

사당에 나아가 공손히 배알했네

물러나 거처함에 반듯이 앉아

책을 펴고 상제를 대했네

---

41) 주산(珠山) : 허채가 아우인 포헌(苞軒) 허대(許垈)와 함께 김해에
서 밀양의 단장면 단장 마을로 이사해 주산(珠山) 아래 서당을 세워 후
학을 양성했다. 서당의 이름은 주산 서당(珠山書堂)이다.

42) 저물 무렵에는… 쉬는구나 : 원문은 회식(晦息). ≪주역≫ <수
(隨)괘>의 상사(象辭)에 나오는 말로 "저녁 무렵에는 안에 들어가 안
식을 취하며 회복을 도모한다(嚮晦入安息)"라고 했다.

향기를 사모해 온 학생들 중

영재로 길러진 이는 몇이나 될까

아름다운 자손에게 계책 전하니

옥 같은 이들이 눈에 와 닿네

어찌 하늘은 남겨 두지 않고[43]

붉은 명정을 이날 보내는고

내가 지난날 기거를 물었더니

공은 충심으로 말씀하셨네

은근히 남의 근심을 근심했으니

우리의 가업이 어려울 때였네

어찌 갈대 같은 정의[44]뿐이리오

사람을 사랑하는 덕에 근본했네

이 은혜를 어찌 감히 잊으리오

---

43) 남겨 두지 않고 : 하늘이 국가를 위해서 원로를 이 세상에 남겨 두려 하지 않는다고 한탄했다는 말로, ≪시경≫ <소아(小雅)> '시월지교(十月之交)'에 "원로 한 분을 아껴 남겨 두어서 우리 임금을 지키게 하지 않는구나(不憖遺一老, 俾守我王)"라고 했다.

44) 갈대 같은 정의 : ≪시경≫ <겸가(蒹葭)>는 양공(襄公)을 풍자한 시인데, 그 첫머리에 "갈대가 푸르게 우거진 이때, 흰 이슬이 서리로 변했네(蒹葭蒼蒼, 白露爲霜)"라고 했다. 여기서는 보잘것없는 정의(情誼)라는 의미로 사용되었다.

예전을 생각하니 더욱 슬퍼지네
만사 한 편을 써서
괴로운 이별을 대신하노라
모든 일을 다시 어찌 말하리
상여 끈 잡지 못했음을 허물한다네

輓許錦洲

錦洲又入地　密城邃寂寞
早服性老訓　親受晩翁訣
淵源端且重　戒在傳不習
文章猶餘事　日用顧眕飭
旣無求諸人　又何自表飾
粹然儀豊厚　藹然言質直
宅心安分地　行無不平域
嗟世爲人學　不矯伊循俗
循俗豈徒卑　矯激亦非實
公有珠山靜　晏然向晦息
獨善在身心　我行我自樂
晨起正衣冠　祠廟趨祗謁
退處坐必危　方策啓對越
慕羶來學伴　幾何英才育
詒謨佳子孫　琳琅盡觸目
緣何天不憖　丹旌送此日

我昔問起居　公言輸忠赤
懇懇憂人憂　吾家業震剝
豈但兼葭誼　本諸愛人德
此惠那敢忘　感舊一倍盡
薤露題一篇　用替斥苦闋
萬事更何言　辜負違執紼

10. 세의는 산처럼 무겁고[45) — 최성형[46) 만사

죽헌(竹軒)[47)의 아름다운 가르침이 십 세에 이어지니
영남의 문호가 여기에서 번성하게 되었네
여든이 넘도록 강한 자질을 지니시어
종일토록 단정히 앉아 삼가 생각을 신중히 하셨네
나에게 학문을 전함[48)은 후세에 남기기 위함이요
아들이 시례에 능해 선조의 뜻을 이어받았네
세의가 산처럼 무겁고 일찍이 깊은 은혜 받았거늘

———

45) 신사년(辛巳年, 1941)에 지은 것이니, 당시 작자의 나이는 37세였다.

46) 최성형(崔性瀅, 1861~1941) : 본관은 영천, 자는 순오(順五), 호는 노초(老樵)로 성주군 법산에 살았다. 죽헌 최항경의 후손이다.

47) 죽헌(竹軒) : 최항경(崔恒慶, 1560~1638)의 호다. 그의 관향은 영천(永川), 자는 덕구(德久)로 성주 법산에 살았다. 정구의 문인으로 회연 서원 초대 원장을 지냈다. 1605년(선조 38) 증광시(增廣試) 3등으로 생원에 합격했으며, 제용감정(濟用監正)에 증직되었다. 오암 서원(鰲巖書院)에 제향되었다.

48) 학문을 전함 : 기궁(箕弓)은 학문을 대대로 전수하며 배우는 것을 말한다. ≪예기(禮記)≫ <학기(學記)>에 "활 잘 만드는 집안의 자식은 반드시 배워서 키를 만든다(良弓之子, 必學爲箕)"라고 했다.

오늘 중당(中唐)49)에서 절하노니 다만 흰 장막뿐이네

挽崔丈 性瀅

竹老嘉謨十世垂　山南門戶盛於斯
八旬遐享强剛質　盡日端居謹愼思
我有箕弓遺後以　兒能詩禮述先之
誼如岳重曾承眷　今拜中唐但素帷

---

49) 중당(中唐) : 대문에서 종묘(宗廟)로 가는 중정(中庭)의 길, 사당으로 가는 길을 말한다. ≪시경≫에서 "사당의 뜰 안길엔 벽돌이 있고, 언덕에는 향초가 있네(中唐有甓, 邛有旨鷊)"라고 했다. ≪시경≫ <진풍(陳風)>.

11. 가난했지만 3수[50] — 박창진[51] 만사

충현공[52]의 주손으로 제사를 받들던 몸
도탑고 화목하게 종친을 인도했네
착한 아드님이 선조의 업을 이으니
이로써 세덕이 순수하다는 것을 알겠네

일찍부터 마음을 보존하는 정성을 배워
가난했지만 또한 스스로를 곧게 했네

----

50) 병자년(丙子年, 1936)에 지은 것으로, 당시 작자의 나이는 32세였
다.
51) 박창진(朴昌瑨, 1867~1936) : 본관은 순천(順天), 자는 도윤(道
允), 호는 퇴산(退山), 초명은 성진(成瑨)으로 성주군 운동에 살았다.
수재(修齋) 이유선(李有善)의 문하에서 학문을 익혔다. 저서로는 ≪퇴
산선생문집(退山先生文集)≫이 있다.
52) 충현공 : 개성판윤(開城判尹)을 지낸 박가권(?~1426)을 말한다.
박가권의 본관은 순천(順天)으로 고려 말에 개성판윤을 지냈다. 조선
이 건국되자 태종이 벼슬로 세 번이나 불렀으나, 사양하고 가야산에 은
거하다가 성주의 수륜면 운동으로 이거했다. 덕봉사(德峰祠)에 제향
되었다. ≪교남지(嶠南誌)≫.

파릉(灞陵)53)이 그 어느 곳이던가
인도(人道)는 공평하지 않으면 울게 되나니

죽는 날54)을 누가 옮길 수 있으리
죽어 편안한 것은 이치에서 어긋난 것이 아니라네
다만 나에겐 짝을 찾는 한이 있나니
어진 손자의 소식은 더디기만 하구나

挽朴退山 昌珛 三首

忠賢主鬯身　敦睦率宗親
肯胤承先業　從知世德純

早歲學存誠　簞瓢亦自貞
灞陵何處是　人道不平鳴

---

53) 파릉(灞陵) : 파릉의 옛터가 지금의 중국 산시성(陝西省) 시안(西安)의 동쪽에 있다. 한 문제(漢文帝)를 장사 지낸 곳이다. 위응물(韋應物)은 <상봉행(相逢行)>에서 "아직도 신풍의 술에 취해 있는데, 오히려 파릉의 비에 젖어 있구나(猶酣新豐酒, 尙帶灞陵雨)"라고 했다.
54) 죽는 날 : 원문은 '대한(大限)'이다. 수명의 한계라는 뜻으로, 죽을 때를 의미한다.

大限孰能移　沒寧理不虧
獨余尋伴恨　賢或信音遲

12. 천지가 긴 밤 속으로[55] ― 이병희[56] 만사

성헌 선생을 뵙고자 했더니
오늘 성헌의 부고를 받았네
뵙지도 못하고 말도 듣지 못했으니
사문은 어찌하여 하나같이 잘못되어 가는고
성헌 선생에게 도를 들었나니
학술은 장구에 있는 것이 아니라 했네
급변하는 세상을 사절하고
성품과 마음을 가슴 깊이 연구했네
천 가닥으로 나누어진 것을 거두어들여
이 하나의 근원으로 돌아가게 했네

---

55) 무인년(戊寅年, 1938)에 지은 것으로, 당시 작자의 나이는 34세였다.

56) 이병희(李炳憙, 1859~1938) : 본관은 여주(驪州), 자는 경회(景晦) 또는 응회(應晦), 호는 성헌(省軒)으로 밀양에 살았으며 곽종석의 문인이다. 아버지는 이익구(李翊九)이며, 어머니는 오천 정씨(烏川鄭氏)로 정유검(鄭儒儉)의 딸이다. 선대가 경상도에 정착한 뒤에도 근기지방(近畿地方)의 실학자, 특히 이익(李瀷)의 가르침을 받았다. 전 성균관대 교수 이우성(李佑成, 1925~2017)은 그의 손자다.

도는 행하기 어려운 것이 아니라

일상생활의 평탄한 길이라네

선학을 이어받아 정성이 간절하고

후학에 넉넉해 업을 공고히 했다네

편안하고 고요한 경지에 실지로 거닐어

사물과 내가 서로 어긋남이 없었네

뜻을 보존해 조금도 부끄러움이 없었고

문을 걸어 닫고 홀로 경계하며 두려워했네[57]

조심하고 더욱 조심해

팔순의 저물녘까지 이르렀네

오래된 도덕과 명망으로

남방의 선비들을 인도해 주시길 바랐더니

돌아가신 날[58]이 일찍이 언제였던가

상여[59]가 장차 떠나려고 하는구나

---

57) 홀로 경계하며 두려워했네 : ≪대학≫과 ≪중용≫에 나오는 신기
독(愼其獨)과 계신공구(戒愼恐懼)를 의미한다.

58) 돌아가신 날 : 원문은 '전몽(奠夢)', 몽전(夢奠)이라고도 한다. ≪예
기≫ <단궁>에 "꿈속에서 두 기둥 사이에 앉아 제물을 받았다(夢坐
奠於兩楹之間)"라는 구절이 있는데, 공자의 죽음을 말한 것이다. 전해
서 위대한 인물의 죽음을 의미하게 되었다.

아아! 지금은 어떤 세상인가
천지가 긴 밤 속으로 들어가려고 하네
어르신의 덕도 함께 떠나니
나의 눈물이 강물처럼 쏟아지누나

挽李省軒 炳熹

欲見省軒子　今見省軒訃
不見且莫說　斯文一何誤
聞道省軒子　學術非章句
謝絶俯仰世　性心究肺腑
收這千縷分　歸此一原做
道非難行者　日用平坦路
述先誠懇到　裕後業鞏固
脚踏恬靜地　物我無相忤
志存無愧怍　閉門獨戒懼
戰戰復兢兢　以至八旬暮
庶幾宿德望　導率南士趨
奠夢曾幾日　柳車行將駕

---

59) 상여 : 원문은 '유거(柳車)'. 왕유(王維)의 시 가운데, "북망가는 길
에 울려 퍼지는 것을 슬퍼하고, 상여가 길을 따라가는 것을 애달파 하
네(悲薤歌之首路, 哀柳車之就轍)"라는 구절이 있다.

嗟嗟今何世　地天入長夜
丈德并與逝　我哭淚河瀉

13. 세상살이 어려운 길 3수[60] ― 최우동[61] 만사

회연의 백매(百梅)에 봄이 오면
해마다 선비들이 오셨다네
종횡으로 이야기하던 그 명리설[62]
적막해 이미 지나간 먼지가 되었네

누가 무공(武公)[63] 같은 어짊을 알겠는가

———

60) 정축년(丁丑年, 1937)에 지은 것이니, 당시 작자의 나이는 33세였
다.
61) 최우동(崔禹東, 1868~1937) : 본관은 영천, 호는 여와(餘窩)로 부
호군 최영학의 아들이다. 궁내부주사(宮內府主事)와 승훈랑(承訓郞)
을 지냈으며, 그의 아들이 작자와 깊이 교유했던 동암(東庵) 최성욱(崔
性郁, 1896~1980)이다.
62) 명리설(名理說) : 위진(魏晉) 시대의 청담가(淸談家)들이 사물의
명(名)과 이(理)를 분석하며 시비(是非)와 동이(同異)를 따지던 것인
데, 여기서는 성리설을 가리킨다.
63) 무공(武公) : 춘추 시대 위(衛)나라의 임금으로 강숙(康叔)의 8대
손이며, 이름은 화(和)다. 강숙이 하던 정사를 그대로 닦아 백성을 화
합해 모이게 했으며, 그가 96세에 지었다는 <억(抑)>이라는 시가
≪시경≫ <대아>에 실려 있다.

글 읽은 지 칠십 년이나 되었다네
집안을 다스린 크고 작은 일들이
선조를 이어받아 뜰 앞에 늘어서 있네

세상살이 어려운 길을
저승에서는 어이 보실까
침문 앞에서 한 번 곡을 하지 못하고
옛날을 생각하며 길이 탄식한다네

挽崔餘窩 禹東 三首

淵上百梅春　年年迓儒賓
縱橫名理說　寂寞已前塵

誰識武公賢　讀書七耋年
爲家多小業　繼述列庭前

人間道路難　泉下抑何觀
寢門無一哭　憶昔發長歎

14. 금세에 살았던 고인이여[64] — 최우동[65] 제문

오호라!

세도(世道)가 날로 떨어지고

사람들은 아득하기만 하네

치우친 행동이 있지 않은데

하물며 그 온전함을 회복함에서랴

이른바 근칙(謹飭)하는 사람은

모두 향원(鄉愿)[66]의 무리요

---

64) 기묘년(己卯年, 1939)에 지은 것으로, 당시 작자의 나이는 35세였
다. 이 글은 제문으로 작성되었지만, 고시의 형식을 지니고 있어 함께
싣는다.

65) 최우동(崔羽東), 1871~1939) : 본관은 영천(永川), 자는 직천(直
天), 호는 이고(二顧)로 성주 법산에 살았다. 을사늑약 후 국운이 더욱
기울어 가자 1908년 12월 8일 김창숙(金昌淑), 이덕후(李德厚), 박의
동(朴儀東), 김원희(金元熙), 이진석(李晉錫), 도갑모(都甲模), 이항주
(李恒柱), 배상락(裵相洛) 등과 성주의 향사당(鄉射堂)에서 대한 협회
성주 지회를 조직했다. 당시 회장에는 박의동, 부회장에는 이덕후, 총
무에는 도갑모가 선임되었다.

66) 향원(鄉愿) : 한 고을 사람이 모두 그를 점잖다[愿] 칭하지만, 실상
은 세상에 맞추어 처세하는 사람을 말한다. 공자는 이런 종류의 사람을

문학으로 자처하는 자들은

왕양(王楊)67)의 배우와 같네

오직 우리 유업(儒業)은

행실이 지극히 어려우니

몸을 굽히는 것은 더러움에 가깝고

표방함은 단정치 못하다네

누가 능히 뜻이 넓고 굳세었나

탄탄한 대도를 걸어감은

오직 우리 공이 하셨다네

천부적 자질 아름다웠지만

어려서 아버지를 잃었고

교방(敎方)은 의지할 곳 없어도

스스로 강인해 게으르지 않았네

학문으로 떨쳐 일어나니

헌걸찬 기개요

순수한 위의(威儀)로다

덕(德)의 적(賊)이라 했다.

67) 왕양(王楊) : 당나라 초기의 사걸(四傑)이라고 일컬어지는 시인들
가운데 왕발(王勃)과 양형(楊炯)을 가리킨다. 이들은 모두 부(賦)에 특
히 뛰어났다.

재주는 높아

이치를 미루어 알지 않음이 없었고

마음은 한결같아

조심하며 스스로를 지켰다네

거친 사람들도 포용하고

일을 함에 두루 알았네

누가 좋아하고 싫어하는 것이 없겠는가만

구차하게 기뻐하거나 노여워하지 않았고

누가 근심과 슬픔이 없겠는가만

얼굴빛과 말씀에 보이지 않으셨네

사람 사귈 때는 의로써 하고

사람 접대는 온화하게 하셨네

자신을 낮추어 거만하지 않았고

자신을 높이어 아부하지 않았네

충직하면서도 물러날 줄을 알아

밖으로 검소하고 안으로 개결(介潔)했네

겸손과 공손으로 스스로를 기르고

모든 절도에는 삼가고 소박했네

먼저 그 큰 것을 세우되

작은 것을 빼앗지 않았고

벼리를 들면 조목이 펼쳐지듯

본말을 모두 갖추었다네

규모는 넓고도 세밀해

빛나고 빛나 뛰어났다네

오히려 자신하지 않고

서락(西洛)68)에 나아가 배웠나니

많은 동료들과 함께

강마의 즐거움을 가졌네

장차 분투해 배우며

더욱 크게 넓혀서

고금에 통달하고

의리에 정통했네

경전을 토론하고 예설을 말하면서

경위가 어긋나지 않았고

본체와 작용의 재질

무늬와 바탕의 빛남

돈후한 풍모를 갖고

강서(强恕)69)의 인을 지니셨네

---

68) 서락(西洛) : 만구(晩求) 이종기(李種杞, 1837~1902)를 말한다.
서락 서당(西洛書堂)에서 제자를 길렀다.

69) 강서(强恕) : 자신의 마음을 가지고 남의 마음을 헤아리는 서(恕)의

내가 아부하는 말이 아니라

공은 고인에게 미룰 만하네

금세에 살았던 고인이여

어찌 때를 만나지 못하셨나

때를 만나지 못한 고인은

또한 홀로 그 몸을 선하게 했네

저 소남(召南)[70]을 바라보나니

십 세 동안 살아오던 옛 마을

진산은 그윽하면서도 넓고

가천의 물은 넘실거리는데

여기서 머물러 살면서

이곳저곳으로 배회했네

청계당(聽鷄堂)[71]에는

덕목을 힘써 행하는 것이다. ≪맹자≫ <진심 상(盡心上)>에 "제 몸을 돌이켜 보아 성하면 이보다 더 큰 즐거움이 없고, 힘써 제 마음으로 남의 마음을 헤아려 행하면 인을 구하는 데 이보다 더 가까운 길이 없다(反身而誠, 樂莫大焉, 强恕而行, 求仁莫近焉)"라고 했다.

70) 소남(召南) : ≪시경≫ 소재 <국풍(國風)>의 편명(篇名)이나 여기서는 고인이 살았던 법산이 작자가 사는 지촌의 남쪽에 있는 것을 의미한다.

71) 청계당(聽鷄堂) : 최우동(崔羽東)의 당호인 듯하다.

천 개의 책 상자가 있고

마을 밖에는

몇 이랑의 밭이 있나니

여기서 독서하고 여기서 밭 갈아

늙음이 오는 것도 알지 못했네[72]

그 만년(晚年)에 이르러

명망이 무겁고 도는 더욱 높아

군자는 믿었고

소인은 시기했네

고을에서는 주석(主席)이었고

유림에서는 시귀(蓍龜)[73]였네

우리가 모두 기원하며

모기(耄期)[74]까지 누리시길 바랐더니

---

72) 늙음이… 못했네 : ≪논어≫ <술이(述而)>에, "진리를 터득하지 못하면 발분해 먹는 것도 잊어버리고, 진리를 터득하면 즐거워서 걱정도 잊어버린 가운데, 늙음이 장차 닥쳐오는 것도 알지 못한다(發憤忘食, 樂以忘憂, 不知老之將至)"라고 했다.

73) 시귀(蓍龜) : 점을 칠 때 쓰는 시초(蓍草)와 거북으로, 국가에서 그처럼 믿고서 의지할 수 있는 원로를 비유할 때 쓰는 표현이다.

74) 모기(耄期) : 모는 80～90세, 기는 100세를 말한다.

무슨 뜻으로 죽음의 조짐[75]이

오늘 갑자기 닥치는고

아!

회연 이 한 구역은

선사의 발자취가 남은 곳

높이고 보호함을 잊지 않아

평생토록 정성으로 가꾸었네

옛날 신미년에

사문의 일[76]이 생기자

공께서 실로 주간하며

소자와 함께 의논하셨네

---

75) 죽음의 조짐 : 계몽(鷄夢). ≪진서(晉書)≫ 권79 <사안전(謝安傳)>에, 진나라의 사안이 병이 깊어졌을 때 친구에게 말하기를, "옛날 환온(桓溫)이 살았을 때 내가 항상 온전하지 못할까 염려했는데 꿈에 환온의 수레를 타고 16리쯤 가다가 한 마리 흰 닭을 보고 멈추었던 일이 기억난다. 환온의 수레를 탄 것은 그 재위를 대신함이요, 16리는 금년이 16년째이고 백계(白鷄)는 유(酉)에 해당하는데 올해 태세(太歲)가 유에 있으니, 내 병이 아마 낫지 않을 것이다"라고 했다. 곧 상소해 사직했는데, 얼마 안 되어 죽었다고 한다.

76) 사문의 일 : ≪회연급문록≫ 발간을 둘러싸고 신미년(辛未年, 1931)에 일어났던 한려시비(寒旅是非)를 말한다.

공도는 오히려 남아 있어

바로잡을 수 있게 되었네

지금 회연 서당은

탕진되어 제사도 드리지 못하는데

공께서 만일 아셨다면

연민하는 마음이 어찌 없으리

미루어 선의(先誼)를 생각하니

정의가 한집안처럼 무거운데

한 줄기 시내 오르내리며

지팡이를 짚던 수많은 날들

소자는 가서

공에게 의지해 쉬었고

공께서는 지산(芝山)77)에 오시어

저의 어리석음을 탓하지 않으셨네

은근한 가르침은

정녕 허망한 것이 아니었네

지난겨울에는 오시어

---

77) 지산(芝山) : 경북 성주군 수륜면 지촌(枝村, 갖말)의 다른 이름이
다. 이에 의거해서 한강 정구의 8대 종손 정위(鄭煒, 1740~1811)는 그
의 호를 지애(芝厓)라 했다.

45

너는 무슨 책을 읽으며

책 속의 깊은 뜻

그 맛이 어떠한지를 물으셨네

그 양쪽의 실마리를 따지며[78]

논변은 끝나지 않았네

누가 알았으리, 이 말로

마침내 영원히 이별할 줄을

오호!

육침(陸沈)[79]의 이 세상

어진 이가 자취를 감추었으니

공은 돌아가 편안하실지라도

후생은 몹시 애석하다네

강물을 터놓은 듯한 언변과

---

78) 양쪽의… 따지며 : ≪논어≫ <자한(子罕)>에, "내가 아는 것이 있느냐? 아는 것이 없다. 무식한 사람이 내게 물을 경우 그가 아무것도 모른다 하더라도, 나는 그 양쪽의 실마리를 따져 빠짐없이 말해 줄 뿐이다(吾有知乎哉? 無知也. 有鄙夫問於我, 空空如也, 我叩其兩端而竭焉)"라고 했다.

79) 육침(陸沈) : 원래 은사(隱士)를 뜻하는 말인데 뒤에 매몰(埋沒)되어 불우한 처지에 떨어진 인재를 가리키는 말로 쓰이게 되었다.

장자의 그 풍모

지금 이후로 어느 날

다시 휘장 안에서 모실 수 있을까

한잔 술에 긴 말을 드리자니

슬픔이 가슴을 메우네

영령께서 밝게 계신다면

흠향하시길 바라오이다

祭崔二顧 羾東文

嗚乎

世級日降　人物眇然

不有偏行　況復其全

所謂謹飭　鄕愿等儔

自處文學　王楊俳優

惟我儒業　制行至難

曲跪近污　標榜不端

孰能弘毅　坦道踐履

於惟我公　天賦質美

少失所怙　敎方無倚

自强不惰　學以奮起

頎然氣槩　粹然威儀

才之高矣　理無不推

心之一矣　戰兢自持

容物包荒　處事周知
誰無好惡　勿茍喜怒
誰無憂戚　色辭未睹
交人以義　接人以和
卑己不慢　尊己不阿
忠讜廉退　外儉內潔
謙恭自牧　制節謹拙
先立其大　小者不奪
綱舉目張　兼該本末
規模弘細　光輝發越
猶不自是　就正西洛
儕友之盛　講磨之樂
為將奮聞　益大以擴
通達古今　義理淹博
談經說禮　經緯不錯
體用之才　文質之彬
敦厚之風　強恕之仁
我非阿言　公推古人
古人今世　奈此不辰
不辰古人　亦獨善身
瞻彼召南　十世舊庄
進山窈廓　伽水洋洋
於焉任居　可以徜徉
聽鷄堂中　有書千箸
餘巷洞外　有田數頃

讀斯耕斯　不知老至
迨其季年　望重道巋
君子所恃　小人所忌
鄉有主席　儒有蓍龜
吾黨共蘄　庶享耄期
那意鷄夢　忽迫今時
嗚乎
淵上一區　先師遺躅
尊衛不護　一生誠篤
在昔辛未　師門有事
公實主幹　小子與議
公道尚存　得至伸辯
至今淵堂　蕩震莫奠
公如有知　能不係戀
追惟先契　誼重一室
一水下上　撰杖多日
小子有往　依息於公
公枉芝山　不鄙顓蒙
懇懇教誨　非直虛跦
咋冬之旃　問爾何書
書中縕奧　其味何如
叩其兩端　論辯不竭
誰知此言　終成永訣
嗚乎
陸沈斯世　賢人遁迹

公則帰安　後生痛惜
河決之辯　長者之風
今後何日　復恃艀艭
一盃長辭　悲填兒膈
英靈不昧　庶幾歆格

15. 소매 속에 넣어 둔 경륜 3수[80] — 장상학[81] 만사

농옹(農翁)[82]의 의발을 대대로 전하는 가문
정자(正字)[83] 언덕의 한 떨기 꽃이로다
춘풍과 옥 같은 모습 마음은 더욱 조심해
명리와 문장에 도가 어긋남이 없었다네

쇠로 백 번을 단련해 옥처럼 순수한데
초가집 쓸쓸한 곳에서 성리서[84]를 읽었네

---

80) 경진년(庚辰年, 1940)에 지은 것으로, 당시 작자의 나이는 36세였다.
81) 장상학(張相學, 1872~1940) : 본관은 인동(仁同), 자는 신로(莘老), 호는 화강(華岡)으로 칠곡군 각산에 살았다. 숙부인 농산(農山) 장승택(張升澤)의 문인이다.
82) 농옹(農翁) : 농산(農山) 장승택(張升澤, 1838~1916)을 가리킨다. 그의 자는 희백(羲伯)으로, 사미헌(四未軒) 장복추(張福樞)의 문하에서 수학했다.
83) 정자(正字) : 조선 시대 홍문관·승문원·교서관의 정9품 관직이다. 정구의 제자 청천당(聽天堂) 장응일(張應一, 1599~1676)이 1632년(인조 10) 승문원부정자(承文院副正字)를 시작으로 관직 생활을 했는데, 이를 염두에 둔 듯하다.

애오라지 소매 속에 넣어 둔 경륜의 손
감추어 두었을 뿐 일흔 평생 동안 쓰지 못했다네

고개 위의 나무 아득하고 저녁 기운 서늘한데
사문(斯文)은 어찌하여 철인을 잃었던가
당년의 그 가르침 지극함을 돌이켜 생각하노라니
상엿소리 몇 자락에 눈물이 줄줄 흐르네

挽張華岡 相學 三首

農翁衣鉢世其家　正字原中一朶華
春風玉色心逾小　名理醇文道不差

金經百鍊玉天眞　白屋蕭蕭誦洛閩
聊將袖裡經綸手　韞櫝謾抛七十春

嶺樹迢迢夕氣凉　斯文其奈哲人亡
緬憶當年承誨至　薤歌數闋淚零眶

_____

84) 성리서 : 원문에는 '낙민(洛閩)'으로 되어 있는데, 이는 '염락관민지
학(濂洛關閩之學)'의 줄인 표현이다. 염계의 주돈이(周敦頤), 낙양의
정호(程顥)와 정이(程頤), 관중의 장재(張載), 민중의 주희(朱熹)를 가
리키는 말로, 송학, 즉 성리학을 의미한다.

16. 해운정[85] 낙성에 차운함[86]

시루봉 높이 솟고 낙동강 평평하게 흐르는데
저 새로 지은 정자를 보노라니 우뚝하게 서 있네
아버지와 할아버지가 경영해 살려던 뜻을
자식과 손자가 집을 지어 추모의 정을 다하네
동남쪽의 선비들이 두루 찾아와
도의로 사귄 벗의 자리 강설도 밝구나
잘 지켜 지금부터 진실에 부합하게 할지니
규모는 마땅히 허명 꾸미는 것을 경계해야 하리

次海雲亭落成韻

甑峰峭截洛江平　瞻彼新亭突兀成
父祖經營棲息志　子孫肯構遹追情
東南儒旆來臨廣　道義朋筵講說明
保守自今宜實地　規模當戒餙虛名

---

85) 해운정(海雲亭) : 경상북도 칠곡군 매원리(梅院里)에 위치한 이수
연(李壽淵)의 정자다.
86) 이 시는 사종형(四從兄) 정재면(鄭在冕)을 대신해 지은 것이다.

53

17. 말세에도 중도 지킨 이[87) – 송준필[88) 만사

학문으로 이름 있는 사람들 가운데
말세에 중도를 지키던 이 누구던가
비근하지도, 고원하지도 않으면서
종신토록 아는 것이 없다고 말하셨지
오직 공산 옹께서는
이미 약관 시절부터
뜻이 옛 성현에 있어
책 상자를 지고서 스승을 찾았다네
녹리(甪里)[89)의 강석에 앉으니

---

87) 계미년(癸未年, 1943)에 지은 것으로, 당시 작자의 나이는 39세였다.

88) 송준필(宋浚弼, 1869~1943) : 경상북도 성주 출신으로 본관은 야성(冶城), 자는 순좌(舜佐), 호는 공산(恭山)이다. 이진상(李震相)과 장복추(張福樞)의 문인이었으며, 후에 김흥락(金興洛)의 문하에서 수학했다. 파리 장서(巴里長書)에 서명해 옥고를 치른 민족 운동가이기도 하다.

89) 녹리(甪里) : 송준필이 각산리의 녹리(甪里) 장복추(張福樞)의 문인이 된 것을 말한다.

모전(慕羶)[90]처럼 많은 선비들이 따랐다네

옥은 쪼고 다듬기 때문에 빛나고

쇠는 도야하고 녹이기 때문에 정밀해지네

그 넉넉하고 강성했던 날

성명과 명망이 홀로 높고 높았다네

백성을 구제하는 방법이 아닌 것이 없었으나

어찌하여 이렇게 세상과 어긋나고 마셨는가

돌아가 원계(遠溪)[91] 물가에 누워

시례를 탐구하며 남은 세월을 보냈다네

경전을 잡고 와서 난해처를 묻기도 하고

어버이를 드러내려고 다투어 글을 청하기도 했네

책 상자 속에 있는 횡설과 수설들

누가 성리설에 부지런하지 않았다 하리오

---

90) 모전(慕羶) : 누린내 나는 고기를 사모한다는 말로, 사모하며 따른
다는 뜻으로 쓰였다. ≪장자(莊子)≫ <서무귀(徐無鬼)>에 "개미는
양고기를 좋아해 모여든다. 양고기는 누린내가 나기 때문이다. 순임금
의 행동에도 누린내 나는 구석이 있다. 그래서 백성이 좋아해 모여드는
것이다(蟻慕羊肉, 羊肉羶也. 舜有羶行, 百姓悅之)"라고 했다.

91) 원계(遠溪) : 송준필은 1942년에 김천시 부곡동으로 들어가 원계
정사를 세우고 학문을 연마하다가 여기서 세상을 뜬다. 후에 유림이 원
계 서원을 세우고 그의 위패를 모셨다.

미친 물결이 비록 백 번이나 굽이친다고 해도
공이 오시면 막을 수 있다네
무엇 때문에 나쁜 계몽(鷄夢)[92]을 꾸었던고
어찌할 수 없는 저 하늘만 푸르고 푸르도다
못난 저는 비록 어리석고 우둔하지만
덕을 사모함은 남에게 뒤지지 않았다네
말로에 쓸데없는 일에 얽매이고
중년에는 부모상을 당했네
의문이 있어도 질문을 많이 하지 못했으니
이 서운함이 오늘 더욱 새롭구나

挽恭山宋丈 浚弼

學以爲名者　叔季適中誰
不卑又高遠　終身道莫知
曰惟恭山翁　已自弱冠時
志在古聖賢　負笈擇吾師
甪里間丈席　慕羶多士隨
玉受琢磨光　金以陶鎔精

---

92) 계몽(鷄夢) : ≪진서(晉書)≫ 권79, <사안열전(謝安列傳)>에 보
이는데 죽을 조짐을 말한다. 주 75 참조.

迨其富強日　聲望獨崢嶸
非無康濟術　奈此世與違
歸臥遠溪濱　詩禮度殘暉
執經來問難　顯親爭乞文
篋裡橫堅說　孰非名理勤
狂瀾雖百折　公來可以障
緣何雞夢惡　無奈彼蒼蒼
鯫生縱愚魯　慕德不後人
末路冗故絆　中年衰在身
有疑多未質　此恨倍今新

18. 숲속에 남긴 자취 3수[93] ─ 송홍눌[94] 만사

사미헌의 의발 받은 이 빛나게 늘어서 있지만
돈독한 학문을 공처럼 한 이가 몇이나 되던고
자취를 숲속에 남겼으나 분수에 편안했고
일흔에도 도를 근심할 뿐 가난은 근심하지 않았다네

의표는 단정하며 지기(志氣)는 밝았고
학업은 경학을 좇아 지행에 통달했네
문장 또한 우리 선비들의 일이니
화려하고 아름다운 시가 음률로 울리었네

---

93) 갑신년(甲申年, 1944)에 지은 것으로, 당시 작자의 나이는 40세였다.

94) 송홍눌(宋鴻訥, 1878~1944) : 본관은 야성(冶城), 자는 순형(順衡), 호는 양산(仰山) 혹은 숭양산인(崇陽山人)이다. 사미헌 장복추의 문인으로 성주 고산정에 숭양 정사(崇陽精舍)를 지어 놓고 후학을 양성했다. ≪양산집(仰山集)≫ 10권 1책과 ≪박약록(博約錄)≫ 등의 저서가 전한다.

사문의 운수가 이미 쇠해졌음을 탄식하노니
고양(高陽)95)에서 또 철인이 돌아가셨다네
박약록(博約錄)96)이 이루어져 상자 속에 있으니
다른 날 그 전형을 여기서 알 수 있겠네

挽仰山宋丈 鴻訥 三首

末門衣鉢列彬彬　篤學如公有幾人
藏迹林樊安所遇　七旬憂道不憂貧

儀表端恭志氣明　業從經學達知行
文章亦是吾儒事　葩藻繽紛角徵鳴

歎息斯文運已衰　高陽又是哲人萎
博約錄成留在篋　典刑他日徵玆知

---

95) 고양(高陽) : 고산정의 백세각(百世閣) 옆에 고양 서당(高陽書堂)
이 있었다.
96) 박약록(博約錄) : 송홍눌은 ≪앙산집≫과 함께 ≪박약록≫과 ≪삼
례통찬(三禮通纂)≫ 등을 저술했다.

19. 도덕과 문장으로 뛰어난 이 4수97) – 이정기98)

만사

학문은 얻기가 어렵나니 그렇지 않은가
쌓고 쌓은 공이 깊어야 비로소 전함이 있다네
선친께서 지성으로 독려하던 날
공은 성취를 기대하며 하늘에 맹세했다네

책 상자 지고 녹리99)로 가서 공부하던 그때
적식(籍湜)100)처럼 열심히 공부해 대적할 자 없었네

---

97) 을유년(乙酉年, 1945)에 지은 것이니, 당시 작자의 나이는 41세였다.

98) 이정기(李貞基, 1872~1945) : 본관은 벽진, 자는 견가(見可), 호는 제서(濟西)로, 성주 명곡(榗谷) 출신이다. 그는 장복추(張福樞)와 김흥락(金興洛)의 문인으로 주요 저술로는 ≪제서집(濟西集)≫ 24권 13책과 ≪성리휘편(性理彙編)≫이 있다. 후학들이 제강 서당(濟岡書堂)을 창건해 존모지소(尊慕之所)로 삼았다.

99) 녹리(甪里) : 사미헌 장복추가 강학을 하고 있었던 곳으로 칠곡의 각산을 말한다. 이정기가 장복추의 문인이기 때문에 이렇게 표현했다.

100) 적식(籍湜) : 한유(韓愈)의 제자인 장적(張籍)과 황보식(皇甫湜)

도로써 문장을 알고 문장에도 도가 실려 있으니
후학을 열어 줌이 한쪽만 뛰어난 것이 아니었네

사람을 대할 때는 온화해 앉은 자리 봄 같았고
논의는 분명해 바로 진실에 이르렀네
털을 나누고 실을 쪼개던 것은 진실로 무슨 뜻이었나
만 가지의 이치를 모아 자신의 몸으로 돌이켰다네

깊은 연못과 얇은 얼음을 밟듯 조심한[101] 여든 해
관을 덮는 오늘, 길이 온전함으로 돌아갔다네
곡성(穀城)[102] 한 모퉁이가 진실한 집임을 알겠거니

을 가리킨다. 소식(蘇軾)이 <조주한문공묘비(潮州韓文公廟碑)>에
서 한유의 문장을 예찬한 가운데 "적식은 땀 흘리며 쫓아가다 넘어지곤
했으나, 지는 해 그림자 같아 바라볼 수 없었네(汗流籍湜走且僵, 滅沒
倒景不得望)"라고 한 바 있다.

101) 깊은 연못과… 조심한 : 원문은 전긍연빙(戰兢淵氷). 조심스러운
마음으로 매사를 신중히 처리하는 것을 말한다. ≪시경≫ <소아(小
雅)・소민(小旻)>의 "전전긍긍해 깊은 연못에 임하듯 얇은 얼음을 밟
듯 한다(戰戰兢兢, 如臨深淵, 如履薄氷)"라는 말에서 나온 것이다.

102) 곡성(穀城) : 경북 성주군 초전면 월곡 1리 속칭 홈실에 있는 곡성
산을 말한다. 이곳에 이정기의 무덤이 있다.

사람들이 경산 처사의 무덤에 예를 표하네

挽濟西李丈 貞基 四首

學之難得不其然　積積功深始有傳
先府至誠提督日　期公成就矢蒼天

負笈當年甪里遊　汗流籍湜莫能儔
道以知文文載道　開來不獨一方優

接人和氣座上春　論議聲聲直到眞
毫分縷析誠何意　萬理會來反我身

戰兢淵氷八十年　盖棺今日永歸全
穀城一片知眞宅　人式京山處士阡

62

20. 동남 제일의 큰 문장 3수[103] — 이기형[104] 만사

구욱재[105] 강석에서 펼친 스승의 가르침
분명한 그 강설은 후학에게 미쳤네
모범이 누가 안정(安定)[106]에서 나왔다 하지 않으리
구양수·소동파 같은 큰 문장 동남에서 유일하네

우리나라가 오랑캐로 변한 것을 탄식하노니
감옥에서 항쟁한 것이 한 번이 아니었네

---

103) 병술년(乙酉年, 1946)에 지은 것이니, 당시 작자의 나이는 42세였다.
104) 이기형(李基馨, 1875~1946) : 본관은 성산, 자는 맹원(孟遠), 호는 성와(惺窩)로 월항면 대산동 한개 출신이다. 장복추의 문인이며, 1919년 유림의 파리 장서 운동에 연서해 옥고를 치렀다.
105) 구욱재(求勗齋) : 장복추가 건립한 서재로, 이기형이 장복추에게 나아가 배운 것을 말한다.
106) 안정(安定) : 송나라 태주(泰州) 사람 호원(胡瑗, 993~1059)으로, 자는 익지(翼之), 세칭 안정(安定) 선생이라 했다. 명체달용(明體達用)의 학문을 추구했다. 저서에 ≪주역구의(周易口議)≫, ≪홍범구의(洪範口義)≫, ≪황우신악도기(皇祐新樂圖記)≫ 등이 있다. ≪송사(宋史)≫ 권432, <호원열전(胡瑗列傳)>.

통상(通喪)의 대의와 하늘을 경륜하는 논의
천추의 정기(正氣)는 반드시 말이 있으리라

나물국 먹는 것이 장부에게 잘못 아니니
효우의 가정에 또한 화목함이 있었다네
여든 해 삶의 전말이 남긴 글에 실려 있으니
덕을 상고함이 여기에 있지 달리 없다네

挽惺窩李丈 基馨 三首

勗齋陳席丈能函　講說聾聾後學覃
模範誰非安定出　歐蘇大筆獨東南

堪嗟東土變於夷　燕狌抗爭不一之
通喪大義經天論　正氣千秋必有辭

藜羹非是丈夫訶　孝友家中亦有和
八旬顚末遺篇載　考德在玆不在他

64

21. 일생 동안 남긴 성효[107] ― 여상문[108] 만사

선고(先考)의 형제 마음 깊은 우애가 있었으니
잠시라도 잊지 않고 이어받아 깊이 전했네
일생 동안 성효(誠孝)로 모범을 남긴 곳에
훌륭한 아들의 명성이 또 사림에 있다네

挽伊坡呂丈 相文

先公伯仲友于心　造次不忘溯述深
一生誠孝謨遺地　肖子名聲又士林

---

107) 정해년(丁亥年, 1947)에 지은 것이니, 당시 작자의 나이는 43세였다.

108) 여상문(呂相文, 1890~1947) : 본관은 성산, 자는 여목(汝穆), 호는 이파(伊坡)로, 원정(圓亭) 어희림(呂希臨)의 후손이다. 송준필·장복추·김흥락의 문하에서 수학했다. 작자의 벗이자 행장을 쓴 자계(紫溪) 여기동(呂箕東)의 아버지다.

22. 짐짓 예봉을 감추고 3수[109] – 정묵용[110] 만사

대조(大祖)[111]께서 당년에 덕업이 드높아
집안 명성 십 세토록 그 유풍 우러러보네
수옹[112]은 질박하고 신암은 장수를 했으니
이것 또한 수신제가를 나란히 한 덕분이라네

마음은 청렴하고 말씀은 겸손했나니
내세우지 않고 짐짓 예봉을 감추었네

---

109) 무자년(戊子年, 1948)에 지었으니, 당시 작자의 나이는 44세였다.
110) 정묵용(鄭黙容, 1865~1948) : 본관은 청주, 자는 덕필(德必), 호는 신암(慎菴)으로 한강 정구의 후손이다. 성주 지촌에 살았으며, 타고난 천품이 순수하고 단아했으며 과묵하고 부지런했다고 한다.
111) 대조(大祖) : 한강(寒岡) 정구(鄭逑, 1543~1620)를 말한다. 정구의 본관은 청주, 자는 도가(道可), 호는 한강(寒岡), 시호는 문목(文穆)이다. 예학과 심학에 학문적 특장이 있었으며 퇴계학과 남명학을 회통해 강안학파를 형성했다. 정묵용의 12대조이자 저자의 13대조다.
112) 수옹(峀翁) : 신암 정묵용의 조부 정건화(鄭建和, 1826~1894)를 말한다. 그의 자는 치극(致極), 호는 지수(芝峀)로 성품이 질박했다고 한다.

좌우에 책을 쌓아 두고 책상에 반듯이 앉아
만방의 비바람에도 홀로 편안했네

이른 나이부터 선조의 일을 채찍 잡아 행하니
이른 곳마다 설산(雪山)의 무게 가볍지 않았다네[113]
가르침 또한 범례로 보던 것이 아니었거늘
오늘 유명을 달리할 줄을 누가 알았으리

挽三從叔愼庵 黙容 三首

大祖當年德業崇　家聲十世仰遺風
岫翁有質愼翁壽　又是修齊儔可同

心存廉退語謙恭　標榜不居故晦鋒
座右庤書方正案　萬邦風雨獨從容

---

113) 설산의 무게 가볍지 않았다네 : 두보(杜甫)가 엄무(嚴武)를 애도
한 시에 "공이 오시매 설산이 무거워졌고, 공이 떠나시매 설산이 가벼
워졌네(公來雪山重, 公去雪山輕)"라는 구절이 있다. ≪두소릉시집(杜
少陵詩集) 권16, <증좌복야정국공엄공무(贈左僕射鄭國公嚴公武)>.
여기서는 정묵용이 살아 있을 때 중요한 일을 많이 했다는 의미로 사용
했다.

曾年先事執鞭行　到處雪山重不輕
眷誨亦非凡例視　誰知今日隔幽明

23. 한결같은 참된 마음[114] — 정재봉[115] 만사

우리 집안의 박복함을 이제 비로소 알겠으니
장로들의 붉은 명정이 해가 갈수록 슬프게 하네
한결같은 참된 마음 하늘이 부여한 것이요
따뜻하고 공손한 말씀은 덕의 기반이었네
가까운 분[116]은 이제 가시고 의발만 남았으나
옥수(玉樹)[117]에 봄이 오니 새 가지가 번창하네
한 자락의 장송곡으로 천고를 영결하나니

---

114) 기축년(己丑年, 1949)에 지었으니, 당시 작자의 나이는 45세였다.

115) 정재봉(鄭在鳳, 1872~1949) : 본관은 청주, 자는 경소(敬韶), 호는 아산(我山)으로, 뜻이 돈독하고 학문을 좋아했으며, 엄격한 성품을 지녔다고 한다. 정구의 13세손이다.

116) 가까운 분 : 원문은 '헌병(軒屛)'. 마루의 난간과 방 안에 둘러친 병풍이라는 뜻으로, 어른의 곁을 이르는 말이다.

117) 옥수(玉樹) : 진(晉)나라의 사안(謝安)이 여러 자제들에게 "왜 사람들은 모두 자기의 자제가 출중하기를 바라는가?" 하고 묻자, 아무도 대답하지 못했다. 이에 조카 사현(謝玄)이 "이것은 마치 지란(芝蘭)과 옥수(玉樹)가 자기 집 정원에서 자라나기를 바라는 것과 같습니다"라고 대답했다. 이로 인해 옥수는 훌륭한 인물이나 자제를 가리키는 말이 되었다. ≪진서(晉書)≫ 권79, <사안전(謝安傳)>.

남은 생애에 다시는 가르침 받을 때가 없구나

挽族兄我山 在鳳

吾門祚薄始今知　丈老丹旌逐歲悲
斷斷眞心天所賦　溫溫恭道德之基
軒屏人去遺衣鉢　玉樹春回達子枝
一闋薤歌千古訣　餘生承誨更無時

24. 이 부자의 사손 3수[118] ─ 이충호[119] 만사

우리 유림의 운수가 날로 쇠잔해지는데
부자(夫子)[120]의 사손이 또 영원히 돌아가셨네
도산에서는 지금 이후 사문의 일에 대해
누가 저울대를 잡고 시비를 가려 줄꼬

도산에서 회연으로 도를 서로 전했으니[121]
백세토록 후손들도 세의를 잇달아 맺었네
옛 어른들의 존현 사업인 보판(補板)[122]

---

118) 신묘년(辛卯年, 1951)에 지은 것으로, 당시 작자의 나이는 47세였
다.
119) 이충호(李忠鎬, 1872~1951) : 퇴계의 13대 종손으로 호는 하정
(霞汀)이다. 안동시 도산면 상계에 살았으며, 1907년(고종 44) 왜병의
방화로 불탄 종택을 1926년에서 1929년 사이에 다시 지었다.
120) 부자(夫子) : 퇴계 이황을 가리킨다.
121) 도산에서… 전했으니 : 퇴계 이황의 도가 한강 정구로 전해졌음을
의미한다.
122) 보판(補板) : 책판이 오래되어 판독할 수 없는 등 여러 가지 이유
로 책판을 보충하는 일을 말한다.

우리 선조 유문에서 빠진 글을 다시 보완했네

확 트여 활달한 풍모, 간단하면서도 묵직한 언어
작은 수레 이르는 곳마다 여러 사람을 경계했네[123]
회연 서당의 수석(首席)이 일찍이 언제였던가
지금까지 마음과 눈에 전형으로 남아 있네

挽李丈 忠鎬 三首

吾林氣數日殘微　夫子嗣孫又永歸
陶山今後斯文事　誰執權衡析是非

陶山淵上道相傳　百世雲仍契誼連
古翁補板尊賢業　吾祖遺文缺復全

磊落風儀簡重言　小車到處警群魂

---

123) 작은 수레… 경계했네 : 일찍이 공자는 "사람으로서 신의가 없다
면 그런 사람을 어디에 쓸지 나는 알 수가 없다. 비유하자면 대거에 예
가 없거나, 소거에 월이 없으면, 어떻게 굴러갈 수가 있겠는가!(人而無
信, 不知其可也. 大車無輗, 小車無軏, 其何以行之哉!)"라고 한 바 있
다. 여기서는 이충호의 믿음직한 언어를 의미한다. ≪논어≫ <위정
(爲政)>.

首席淵堂曾幾日　至今心目典刑存

25. 나의 곡을 공은 아시는가[124] – 이규형[125] 만사

내가 일헌 옹(一軒翁)에게 곡하는 것을 옹은 아시는가
곡은 공의 죽음에 대한 것이 아니라 세도에 대한 곡이라네
세도는 지금에 이르러 암흑천지 같아
젊은이도 죽고 싶은데 하물며 연세 높은 어른이랴
우리 고을의 전성 시절 미루어 생각건대
덕망 높은 어른들이 많아 영남에서 최고였지
이요당(二樂堂)[126]의 손자요 서락(西洛)[127]의 제자로

---

124) 임진년(壬辰年, 1952)에 지은 것으로, 당시 작자의 나이는 48세였
다.

125) 이규형(李圭衡, 1879~1952) : 본관은 성주, 자는 평숙(平淑), 호
는 일헌(一軒)으로 성주 작천(柞川)에 살았다. 이종기의 문인으로
≪일헌문집(一軒文集)≫ 6권 3책이 전한다.

126) 이요당(二樂堂) : 한강 정구의 제자로, 이규형의 11대조 이요당
이중형(李重亨, 1595~1643)을 말한다. 저서로는 ≪이요당집(二樂堂
集)≫ 2권 1책이 있다.

127) 서락(西洛) : 만구(晩求) 이종기(李種杞, 1837~1902)를 의미한
다. 그는 지금의 경상북도 고령군 다산면 상곡리에 서락 서당(西洛書
堂)을 건립해 제자를 길렀다.

믿음이 두루 퍼져 많은 선비들이 따랐네
본래 꾸민 것이 아니라 천진에서 나온 것이어서
말없이 공손히 행하니 원망과 허물이 없었네
해오라기 깃들이는 정원에 한가로이 왕래하며
책 속의 성현을 마음속에 머물게 했네
수많은 의리를 회통해 거기에 귀의했으니
스스로 알아 도의 경위(經緯)를 터득했다네
온축한 것은 덕이 되고 말은 반드시 정성스러워
글을 지음에 선비의 기상 아님이 없었네
아드님이 다른 날 세상에 알릴 것이나
후인이 덕을 생각함이 또한 여기에 있다네
돌아보니 나는 노둔해 학문에 정성이 없어
당년에 부지런히 질의를 하지 못했네
근년 어느 날 모시는 자리에 나아가서
밤이 새도록 크고 작은 예론을 논의했네
그만이로다! 사문이 차례대로 돌아가시고
백천은 도도히 흘러 사람이 건너지 못하는구나
하늘과 땅이 만일 지각이 있다면
이 곡이 의례적으로 흘리는 눈물이라 말하지 말라

挽一軒李丈 圭衡

我哭一翁翁知否　哭非公沒哭世道
世道如今黑天地　少者欲死況壽考
追憶吾州全盛時　丈德林林嶺中推
二樂係子西洛鉢　孚尹傍達多士追
本非巧餙天眞露　黙訥恭行無怨尤
鷺捿庭畔閒來往　卷中聖賢心上留
萬千義理通歸　自我識得經又緯
蘊之爲德辭必誠　製述無非儒者氣
遺孤異日公諸世　後人考德亦在玆
顧余魯鈍學無誠　未及當年勤質疑
頃年何日趨陪席　竟夜禮論該鉅細
已矣斯文次第喪　百川滔滔人未濟
上天下地如有知　莫謂此哭循例泚

26. 책상 위에 남은 옛 편지 2수 - 장하석[128] 만사

공손하며 조용한 평생 다른 사람과 비교도 되지 않나니
백번 곰곰이 생각해 보면 모두가 천진이었네
선으로 향하는 마음 장래에 전진할 듯하더니
무슨 까닭으로 단명이 홀연히 그대 몸에 이르렀는가

예전 한강대에서 강석(講席) 열던 때를 생각하노니
글을 읽고 장난치며 어린 시절을 함께했네
오늘 아침 어느 곳에서 산양의 피리 소리[129] 들리는가
책상 위에는 옛날 편지만 쓸쓸히 남아 있구나.

---

128) 장하석(張夏錫, 1908~?) : 본관은 인동, 자는 시보(時甫)다. 뇌헌
정종호의 문인이며 작자와 동문수학했다.
129) 산양의 피리 소리 : 원문은 '산양적(山陽笛)'. 죽은 벗을 그리워한
다는 의미다. 진(晉)나라 상수(向秀)가 전에 살던 산양(山陽) 땅을 지
나다가 이웃 사람이 부는 피리 소리를 듣고 죽은 벗 혜강(嵇康)과 여안
(呂安)을 그리는 마음을 금할 수가 없어 <옛 벗을 그리며(思舊賦)>를
지었다는 고사에서 온 말이다. ≪진서(晉書)≫ 권9, <상수열전(向秀
列傳)>.

挽張夏錫 二首

恭默生平不較人　百爲夷攷渾天眞
響善將來如有進　緣何短命忽中身

憶昔岡岾設講筵　論文戲謔共沖年
今朝那聞山陽笛　案上空餘舊日牋

27. 백당 박 공의 운엽정[130)에 차운함

　　얼마 전 연상(淵上)[131]에서 잠시 모였을 때 수관(修觀) 박장(朴丈, 박종섭)[132]이 탄식을 하며 나에게 말하기를, "우리 백당(栢堂)[133] 선조의 시대를 그대는 알 것입니다. 하나의 갈댓잎으로 시내를 막거나 물결을 되돌리지 못한다면, 차라리 숲속에 숨거나 바다로 떠나야 하지 않겠습니까? 가야산 깊고 깊은 곳에 들어가 거처하면서 정자를 세워 운엽(雲葉)이라 했는데, 고정(考亭)[134]의 시에 "흰 구름과 단풍

---

130) 운엽정(雲葉亭) : 성주군 수륜면 백운리[白雲洞]에 있는 정자로, 이원하(李源河)의 기문이 있다.

131) 연상(淵上) : 경상북도 성주군 수륜면 신정리에 있는 회연 서원(檜淵書院)을 말한다.

132) 박장(朴丈) : 박종섭(朴鍾燮, 1890~?). 그는 자(字)가 경원(警遠), 호(號)가 수관(修觀)으로 순천인(順天人)이다. 공산(恭山) 송준필(宋浚弼)의 문인으로 도산 서원 상유사를 지냈다.

133) 백당(栢堂) : 박종서(朴宗緒, 1572~1643)의 호다. 본관은 순천(順天)으로 자는 백효(伯孝)다. 한강 정구의 문인으로, 임진왜란을 당해 부친의 명에 따라 모친을 모시고 가야산 속으로 피난해 그 어머니를 극진히 모셔 효자로 이름이 났다.

134) 고정(考亭) : 주자가 일찍 돌아가신 아버지를 추모해 지은 정자로,

만이 함께 한가롭네(白雲黃葉共悠悠)"135)라고 한 것에서 뜻을 취했고, 당시 운에 따라 차운도 했습니다. 지금 백운 아래 풀과 나무들이 숲을 이루어 황량히 늘어선 곳이 우리 선조의 유허지(遺虛地)입니다. 불초한 내가 여러 동지들과 무릎을 맞대고 도모해 일을 맡아 거의 자취를 이을 날을 갖게 되었습니다. 그대는 어찌 그 운을 사용해 화답해 주지 않으시겠니까?"라고 했다. 내가 생각건대, 옹(翁)136)은 그날 부득불 숨었으나 몸을 숨겨 도는 형통했고, 장(丈)137)은 오늘 아름다움이 있으므로 그 아름다움을 드러내었다. 인(仁)은 효행으로부터 시작한다. 모두가 떳떳하고 진실함에 흠모함을 갖추고 있으니, 삼가 차운해서 드린다.

회암(晦庵)138)을 간절히 사모해 벽 위에 걸었으니

---

135) 흰 구름과 단풍만이 함께 한가롭네(白雲黃葉共悠悠) : 주자의 시 <입서암도간(入瑞巖道間)>에 "맑은 시내 흘러서 푸른 산머리 지나니, 깨끗한 하늘 맑은 물이 한빛으로 가을일세. 세속을 떠나서 삼십 리를 나와 보니, 흰 구름 단풍 잎새만 함께 한가롭구나(清溪流過碧山頭, 空水澄鮮一色秋. 隔斷紅塵三十里, 白雲黃葉共悠悠)"라고 했다.
136) 옹(翁) : 백당(栢堂) 박종서(朴宗緖)를 가리킨다.
137) 장(丈) : 수관(修觀) 박종섭(朴鍾燮)을 가리킨다.

옛날과 지금의 '운엽(雲葉)'이 한가지라네
보아라, 허물어진 정자에서 느끼는 자손들의 마음을
바야흐로 알겠네, 여운이 다시 유유하다는 것을

次栢堂朴公雲葉亭韻

頃於淵上之會 修觀朴丈 噓唏語余曰 吾栢堂先祖之世 子
所知也 以一葦而障川回瀾不可得 則無寧林於竄 而海於踣耶
入俹岜深深處 亭之以雲葉 考亭詩 白雲黃葉共悠悠之意 而當
時韻亦次之 今白雲其下 草樹林而荒連者 是吾祖遺墟也 不肖
謀諸同志 合服而据之 庶或有遹蹟之日也 子盍用其韻而和之
余惟翁之當日 不可不隱也 身屯而道亨也 丈之今日 有美而闡
徽也 仁自孝行也 俱有欽於舜衷 謹次韻以呈

慕切晦庵揭壁頭　古今雲葉一般秋
試看仍孫亭廢感　方知餘韻更悠悠

---

138) 회암(晦庵) : 송나라 때 학자 주희(朱熹)의 호다.

28. 왕희지 필법에 두보 시[139] — 송홍래[140] 만사

왕희지 필법에 두보 시를 스스로 꾀했으나
결국 공업은 칠분(七分)만 거두었다네
담담하며 조용한 평생, 다른 이와 다툼이 없었으니
이 세상을 영결함에 다시 무엇을 구하리

挽晦川宋丈 鴻來

王筆杜詩自我謀　到頭工業七分收
澹黙生平無物競　永終斯世復何求

---

139) 계사년(癸巳年, 1953)에 지었으니, 당시 작자의 나이는 49세였다.
140) 송홍래(宋鴻來, 1866~1953) : 본관은 야성(冶城), 자는 순익(順翊), 호는 회천(晦川)으로, 성주 문덕리(文德里)에 살았다. 파리 장서에 서명해 옥고를 치렀으며, 글씨로 유명했다.

29. 상매 문중에서 추중한 선비 3수[141] – 이상기[142]

만사

낙동강 한 번 바라보니 길게 뻗어 있는데
지난해 전쟁이 있었던 곳이었음을 생각한다네
살던 이들 다친 사람을 일으키지도 못했는데
금옹(錦翁)[143]이 갑자기 세상 떠남을 통곡한다네

담야(潭爺)[144]께서 남긴 은택 오늘까지 이르나니
상매 문중의 선비들이 함께 추중을 하네
술병의 술로 벗을 맞이한다는 용천의 시구(詩句)

---

141) 계사년(癸巳年, 1953)에 지었으니, 당시 작자의 나이는 49세였다.
142) 이상기(李相琦, 1881~1953) : 본관은 광주, 자는 중규(仲圭), 경
상북도 칠곡군 왜관읍 상매에 살았으며, 강릉(康陵) 참봉(參奉)을 지
냈다.
143) 금옹(錦翁) : 참봉 이상기를 가리킨다.
144) 담야(潭爺) : 석담(石潭) 이윤우(李潤雨, 1569~1634)를 가리킨
다. 본관은 광주, 자는 무백(茂伯), 호는 석담(石潭)으로, 정구(鄭逑)의
문인이다. 이조참판에 추증되고 칠곡 사양 서원(泗陽書院)과 성주 회
연 서원(檜淵書院)에 제향되었다.

동도(東道)의 주인이 여기 있었음을 알겠네

망운정을 바라보니 우뚝 서 있나니
일찍이 효도하기 위해서 지은 것이었네
일을 주관한[145] 삼 형제 바야흐로 명예로워
내 장차 내일도 시들지 않음을 맹세하겠네

挽李參奉 相琦 三首

洛江一望互橫長　追憶頃年戰陣場
居人未起傷夷者　痛哭錦翁忽地喪

潭爺流澤及今時　梅上門闌士共推
迎朋壺酒龍川句　東道主人庶在玆

瞻仰雲亭突兀成　曾年孝思費經營
幹蠱三蘭方用譽　吾將來日歲寒盟

---

145) 일을 주관한 : 간고(幹蠱). 문젯거리가 되었던 정치나 사업을 맡
아 잘 처리한다는 말로, 자식이 부모의 사업을 이어받아 잘 조처해 바
로잡는 것을 뜻한다.

30. 오와 족장 정경호[146]를 축수함[147]

옹이 지금 예순 하고도 하나의 나이지만
건장한 뜻에 백발이 범함을 무슨 일로 슬퍼하리
효도는 인(仁)을 행함이라 봉양에 지극했고
덕은 복의 뿌리이지만 가난은 참으로 믿기 어렵네
형은 동생과 베개를 나란히 해 우애를 돈독히 닦았고
아버지의 책을 아들이 읽으니 느꺼운 은혜 깊구나
이 자리에서 서로 축하하는 것이 어찌 장수뿐이랴
평생 동안 쌓은 아름다운 마음 우러러 공경한다네

壽聱窩族丈 慶鎬

翁今六十一光陰　壯志何傷白髮侵
孝是行仁頤可至　德爲根福婁難諶
兄枕弟聯修友篤　父書子讀感恩深

---

146) 정경호(鄭慶鎬, 1892~1961) : 본관은 청주, 자는 제숙(濟叔), 호
는 오와(聱窩)로 한강 정구의 14대손이다. 성품이 순후하고 효도와 우
애가 있어 사람들이 흠모했다.
147) 계사년(癸巳年, 1953)에 지었으니, 당시 작자의 나이는 49세였다.

斯筵相賀豈徒壽　欽仰生平蘊雅心

31. 비어 있는 한 자리 3수[148] ― 김수응[149] 만사

문소(聞韶, 의성) 가문은 우리 고을에서 제일
사우당[150]의 유풍이 십 세토록 장구하네
종족들이 모두 의지할 곳으로 추중하는데
사서(史書) 놓인 책상으로 객이 당을 오르네

공자의 초상에 아침마다 절을 하고
진실한 마음을 가져 흔들리지 않고자 했네
고산[151]에게 나아가[152] 돌아와 실제로 베푸니

---

148) 갑오년(甲午年, 1954)에 지었으니, 당시 작자의 나이는 50세였다.
149) 김수응(金粹應, 1887~1954) : 자는 순부(純夫), 호는 직재(直齋)
다. 공산(恭山) 송준필(宋浚弼)의 문인으로, 성주군 윤동에 살았다. 저
서로 ≪직재문집(直齋文集)≫ 4권 2책이 있다.
150) 사우당(四友堂) : 김관석(金關石, 1505~1542)의 호다. 그는 성주
군 수륜면 윤동의 입향조로 자는 의중(倚中)이다.
151) 고산(高山) : 성주군 초전면의 고산정으로, 공산 송준필에게 배움
을 청한 것을 의미한다.
152) 나아가 : 원문은 '취정(就正)'. 이는 '도(道)가 있는 이에게 나아가
바로잡아 유익을 구한다(就正求益)'는 것을 의미한다.

어버이 효도와 자식 사랑에 즐거움이 도도하네

서른 해를 추종하며 정의가 갈수록 깊었나니
사문의 어떤 일이 같은 마음 아니었으리
이후로 회연 서당에서 많은 모임 있겠지만
한 자리가 비게 되니 슬픔을 금할 길 없네

挽金直齋 粹應

聞韶門戶鉅吾鄕　四友遺風十世長
宗族咸推依仗地　案頭書史客登堂

宣尼肖像拜朝朝　願學誠心執不搖
就正高山歸實施　孝親慈子樂陶陶

卅載追隨誼轉深　斯文甚事不同心
淵堂今後知多會　一席空虛悵莫禁

32. 순수한 마음 가진 이 2수 – 우규상[153] 만사

평생을 물 동쪽과 서쪽으로 나뉘어 살았지만
마음으로 망년지교를 맺어 모든 것이 같았네
세상에 비록 재주 있는 호걸이 많지만
순수한 마음 가진 이 찾기는 참으로 어렵다네

관대(寬坮)에서 노래 부르고 시를 짓던 그때
올라가 한번 화답하던 지난날이 생각나네
바위 가 나무에 봄은 돌아왔지만 사람은 오지 않고
새와 시내도 울음 우니 모든 것이 슬픔이로고

挽禹逸山 圭相 二首

一生分住水西東 心契忘年顚末同
世間縱有才豪藪 片片難求赤子衷

寬坮當日有歌詩 憶昔登臨一和之

---

153) 우규상(禹圭相, ?~?) : 호가 일산(逸山)으로, 성주군 용암면 운산
리(雲山里)에 살았다.

巖樹春回人未返　鳥啼泉咽總生悲

33. 회연에서 오암으로 2수[154] — 최성욱[155] 만사

문병하고 돌아온 지 얼마 되지 않았는데
갑자기 무덤 만드는 때가 오고야 말았구나
제상 앞에서 차마 세 아들의 소매를 잡고
흐느끼며 속마음을 말하나니, 혹 아시는가

회연에서 오암[156]으로 도맥은 이어지나니
죽옹(竹翁)[157]의 주손이 유풍을 계승했네

---

154) 을미년(乙未年, 1955)년에 지은 것이니, 당시 작자의 나이는 51세였다.

155) 최성욱(崔性旭, 1889~1955) : 본관은 영천, 자는 치순(致順), 호는 죽암(竹庵)으로, 성주군 법산에 살았다. 죽헌 최항경의 후손이다.

156) 회연에서 오암 : 회연은 한강 정구의 회연 서원을, 오암은 죽헌 최항경(崔恒慶)의 오암 서당을 말한다. 죽헌이 한강의 문하에서 수학했기 때문에 도맥이 통한다고 했다.

157) 죽옹(竹翁) : 죽헌 최항경(崔恒慶, 1560~1638)을 말한다. 그는 본관이 영천(永川), 자가 덕구(德久)이며, 죽헌(竹軒)은 그의 호다. ≪한강집(寒岡集)≫을 간행하는 데 앞장서서 교감을 했으며, 회연 서원(檜淵書院) 초대 원장을 지냈다.

선조들의 계의를 생각하면 산처럼 무거워
평생토록 우러러 존경하며 숭상한다네

挽崔竹庵 性旭

問病歸來不幾時　遽然窀穸已臨期
床前忍把三哀袖　泣說衷情儻或知

淵上鰲岩道脉通　竹翁主鬯繼遺風
追惟先契山如重　所以生平景仰崇

34. 허열수[158]의 시에 차운함

천고의 적송리는 별천지처럼 맑고
손님과 벗이 축수하며 술을 같이 기울이네
밭 갈고 책 읽으며 자신의 분수를 달갑게 여기는데
시비를 따지며 누가 세상의 명암을 이야기하는고
두 비파[159]는 높고 낮아 잘 어우러짐을 알겠고
두 난초[160]는 총명하고 준수해 남은 생애를 부친다네
당년에 고향 떠났음을 한탄하지 말게나
지금처럼 덕을 닦으면 더욱 태평해지리니

158) 허열수(許說壽, ?~?) : 경북 성주군 수륜면 적송리(赤松里)에 살
았다.
159) 두 비파 : 원문은 '쌍슬(雙瑟)'. 부부를 말한다. 여기서는 거문고와
비파가 서로 어울리듯이 부부 사이에 두터운 정과 사랑이 있음을 비유
한 것이다.
160) 두 난초 : 이란(二蘭). 두 아들을 말한다. 두 아들이 훌륭해서 남은
생애를 이들에게 의탁하는 것을 말한다.

次許說壽韻

千古赤松別界清　賓朋賀壽酒同傾
耕讀自甘身分數　是非誰說世昏明
雙瑟高低知好合　二蘭聰俊付餘生
莫恨當年離古里　如今修德更昇平

35. 실천은 가법의 근본 3수 ― 이주후[161] 만사

완석정(浣石亭)[162]의 정신을 이은 후석 옹
수신제가 힘을 쌓아 비로소 온전히 마치셨네
옥수가 뿌리 깊어 싹이 두 개 돋아나더니
봄이 온 오늘, 가지 가득 붉은 꽃이로다

신구를 어찌 논할 건가, 옳으면 함께하니
행하는 곳이 마음공부인가를 볼 뿐이라네
아비 가르침을 아들이 따라 해 윤리가 돈독하니
우리 유가의 가법은 실천을 근본으로 한다네

---

161) 이주후(李周厚, 1873~1957) : 본관은 벽진(碧珍), 자는 공근(公瑾), 호는 후석(后石)이다. 이주후는 조선 말기 및 일제 강점기 때 도내에서 명망 있던 유학자로서 평생 학문에 전념했는데, 법무장관 이우익(李愚益), 대법관 이우식(李愚植), 사업가 이우혁(李愚奕) 등이 그의 아들이다.
162) 완석정(浣石亭) : 이언영(李彦英, 1568~1639)의 호다. 본관은 벽진(碧珍), 자는 군현(君顯), 호는 완정(浣亭) 혹은 완석정이다. 한강 정구의 문하에서 수학했으며, 영창 대군(永昌大君)의 억울한 죽음을 주장하는 정온(鄭蘊)을 변호했다가 삼사의 탄핵으로 삭직되었다.

매화 달과 지초 봄을 또렷하게 생각하니

선조에 대한 가르침을 언제 다시 받을까

상엿소리에 곡을 다하고 하늘은 저무는데

낙동강 다리로 돌아가는 객은 슬픔 견디기 어렵네

挽李后石 周厚 三首

浣石傳神后石翁　修齊力貯始能終
玉樹根深芽兩苗　春來今日滿枝紅

新舊奚論柯則同　只看行處做心工
父詔子趨倫理篤　吾儒家法本於躬

梅月芝春歷歷思　講先承誨復何時
哭盡薤歌天欲暮　洛橋歸客不堪悲

36. 도석구[163]의 효행에 차운함[164]

봉고(鳳皐)의 노인 봉양은 정한 방법 없으나
분수에 따라 갈무리했으니 덕이 더욱 빛나네
효열을 한집안의 모자가 같이했으니
명성이 십 세 동안 선비 집안에 이어지네
팔을 베지 않았다면 소생하지 못했을 터
품팔이는 비록 할 만하나 가난은 슬펐다네
지금 부모를 거스르는 자식 천하에 가득 찼으니
나는 짐짓 시를 지어 이 아름다움을 드러낸다네

次都錫龜孝行韻

鳳皐養老蓋無方 隨分斂藏德愈光

---

163) 도석구(都錫龜, 1808～?) : 본관은 성주, 자는 서구(敍九), 호는 봉
고(鳳皐) 혹은 묵호(黙湖)로 성주의 월항 묵산에 살았으며, 선공감가
감역(繕工監假監役)을 지냈다. 효자로 이름이 알려졌다. ≪교남지(嶠
南誌)≫.
164) 작자는 이 작품을 경북 경산군 와촌면(瓦村面) 상암(上巖)의 도만
주(都萬周)에게 주었다.

孝烈一家同母子　聲名十世襲冠裳
刳臂若非甦未得　行傭雖可竇堪傷
至今悖逆盈天下　吾故題詩彰此芳

37. 저승이 어찌 그리 멀다던고 2수[165] ─ 최영철[166]
만사

집안을 위해 힘쓰고 애쓰던 날

벗 따르기를 유하혜[167]가 때에 화합하듯 했네

넉넉한 말씀은 구차함이 없었으니

정성 어린 마음을 스스로 펼칠 수 있었네

여막에 나아가 곡한 것을 미루어 기억해 보니

진실한 마음이 응축해서 나타난 것이었네

저승이 어찌 그리 멀다던고

한번 가면 아득해 의지할 곳 없으니

───

165) 을미년(乙未年, 1955)에 지은 것이니, 당시 작자의 나이는 51세였
다.

166) 최영철(崔永哲, 1887~1955) : 본관은 영천, 자는 윤중(允中), 호
는 여고(餘皐)로, 죽헌 최항경의 후손이다. 성주군 법산에 살았다.

167) 유하혜(柳下惠) : 성은 전(展), 이름은 획(獲), 자는 계(季) 혹은 금
(禽)이다. 춘추 시대 노나라 사람으로 유하(柳下)에 살았으며 시호가
혜(惠)이기 때문에 유하혜(柳下惠)라고 일컫는다. 맹자는 그를 '성지
화(聖之和)'라고 칭해 성인 중에 화합을 주장한 자로 칭송했다.

挽崔允中 永哲 二首

爲家勤苦日　隨友惠和時
豈言無苟且　悃愊自能披

追記趨廬哭　衷情發表凝
重泉何太隔　一去漠無憑

38. 오래된 집안의 후손 2수[168] – 최승동[169] 만사

오래된 집안의 후손 되기 어려운데
법도를 지키며 삼가 스스로를 지켰다네
열어 둔 문으로 수레가 이르면
술잔을 잡고 정성껏 마중하고 배웅했다네

형의 종통이 독자로 이어져
혼자된 형수를 어머니처럼 섬겼다네
종자를 남긴 보답[170]이 어찌 없으리
집안이 그대 후대에 더욱 번성하리라

---

168) 을미년(乙未年, 1955)에 지은 것이니, 당시 작자의 나이는 51세였
다.
169) 최승동(崔升東, 1884~1955) : 본관은 영천, 자가 경집(敬執), 호
는 여은(餘隱)으로, 죽헌 최항경의 후손이다. 성주군 법산에 살았다.
170) 종자를 남긴 보답 : 높은 가지 끝에 겨우 달려 있는 한 개의 큰 과
일은 종자가 되어 다시 훗날을 기약할 수 있다. 이 때문에 따 먹지 않는
다. ≪주역(周易)≫ <박괘(剝卦)>의 "큰 과일은 먹지 않는다(碩果不
食)"에서 인용한 것이다.

挽崔敬執 升東 二首

古宅難爲後　規模謹自持
開門車轍至　懇到送迎厄

兄宗獨子承　寡嫂如孃事
不食報豈無　同庭身後熾

39. 예송의 은미한 말씀 - 허 참봉[171] 만사

금옹(錦翁)[172]의 학술은 스스로 일가를 이루었고
가정에 깊은 연원 있어 계술(繼述)[173]을 더했네
겉과 속이 겸손하고 공손해 원망이 없고
처음과 끝이 성실해 부화함이 없다네
선조의 정자를 지켜 돌아가며 소임을 맡았고
아버지의 글을 출간해 하자를 씻어 버렸네
예송의 은미한 말씀 아직도 책상에 있는데
사람은 이제 천고가 되었으니 눈물이 강물처럼 흐르네

挽許參奉

錦翁學術自成家　庭有淵沈繼述加

---

171) 허 참봉(許參奉) : 미상. 밀양(密陽) 단장면(丹場面, 丹亭)에 살았다고 한다.
172) 금옹(錦翁) : 밀양 단장에 살았던 금주(錦洲) 허채(許埰, 1859~1935)인 듯하다.
173) 계술(繼述) : 조상(祖上)의 하던 일이나 뜻을 끊지 아니하고 이어 나가는 것을 말한다.

表裡謙恭無怨懟　始終愨實刊浮華
先亭尊衛輪回任　父稿印頒櫛洗瑕
訟禮微言猶在案　人今千古淚河斜

40. 세속에서 빼어난 의표[174] — 이돈영[175] 만사

빈 듯하면서도 넉넉한 자질
세속에서 빼어난 높은 의표로다
아버지를 따라 가학을 전하고
스승을 따라 의문을 풀었네
사람들이 덕을 닦은 원로임을 알아서
묘 앞에 선조를 드러내는 시를 청했네
선비의 기상이 지금 이와 같은데
재촉해 영원으로 돌아가는 자 누구인가

---

174) 정유년(丁酉年, 1957)에 지었으니, 당시 작자의 나이는 53세였다.
175) 이돈영(李敦永, 1873~1957) : 본관은 연안(延安), 호는 입암(立
庵)이다. 사미헌 장복추의 문인으로 김천시 귀성면 상좌원에 살았다.
김천시 대덕면 가례리 소재의 '한강선생장구지대(寒岡先生杖屨之臺)'
의 뒷면에 글을 써서 이 비를 세운 연유를 밝히기도 했다. 특히 예에 극
진해 조석으로 사묘에 참배했으며, 교육에는 귀천이 있을 수 없다 해서
노비에게도 배울 기회를 주었다. 저서로는 ≪입암집(立庵集)≫ 6권이
전한다.

挽李立庵 墩永

若虛寬厚質　拔俗傑然儀
趨父傳家學　從師問道疑
人知修德老　墓乞闡先詩
士氣今如此　永歸促者誰

41. 문채 될 바탕이 있었지만[176] ─ 이수인[177] 만사

용호(龍湖)[178]의 초창을 침산(枕山)이 이었으니
근본이 진실해 나라에서 부름이 마땅하네
양세의 연원이 대포리(大浦里)에 함께하고[179]
한때 왕래하던 사람은 모두 어질고 능한 사람이었네
문채가 될 바탕이 있으면 마땅히 사물을 이루지만
위에 사람이 없으니 누가 천거해 올리겠나
뿌리에 기대어 지엽의 무성함을 살펴보나니

---

176) 임인년(壬寅年, 1962)에 지었으니, 당시 작자의 나이는 58세였다.
177) 이수인(李洙仁, 1880~1962) : 본관은 성산, 자는 자유(子裕), 호
는 침산(枕山)으로 성주에 살았다. 만주에 망명해 독립운동을 전개했
으며, 독립 청원서에 서명한 일로 일경에게 체포되어 대구 형무소에서
6개월여의 옥고를 치렀다. 1995년 건국 포장을 추서받았다.
178) 용호(龍湖) : 이수인의 아버지 이조현(李祚鉉, 1846~1886)을 말
한다. 이조현의 본관은 성산, 자는 명옥(命玉), 호는 용호(龍湖)로 한주
(寒洲) 이진상(李震相)의 문인이다. 저서로는 ≪용호집(龍湖集)≫ 4책
과 ≪문원휘통(文苑彙通)≫ 10책 등이 있다.
179) 대포리에 함께하고 : 아버지 이조현이 이진상의 제자이고, 아들
이수인이 이승희의 제자임을 의미한다.

가신 후에 여러 후손들이 홍성할 줄 응당 알겠네

挽李枕山 洙仁

龍湖草創枕山承　基本賣於王府徵
兩世淵源同浦里　一時追逐盡賢能
爲文有質當成物　在上無人孰薦騰
根託佇省枝葉茂　應知身後衆孫興

42. 웃으며 하시던 정담 2수 – 이성훈[180] 만사

공의 집안은 유학이 대대로 이어졌으니
삼포(三圃)[181]의 연원에다 회연을 접했다네
어느 해던가, 웃으며 하시던 정의(情誼)의 말씀
지금 추모하는 눈물로도 아픔이 흡족치 않네

여럿이 떠들던 자리에도 몸가짐 엄숙했고
간중(簡重)한 한 말씀에 동료들이 복종했네
옥 같은 자질은 촛불 잡은 공을 거둔 듯하니
명성이 어찌 다만 한 마을에만 있으리오

---

180) 이성훈(李星勳, ?~?) : 본관은 성산, 자는 광여(光汝), 호는 시헌
(是軒)으로 경북 고령군 관동에 살았다. 고령 향교 전교를 지낸 바 있
으며, ≪고령군지≫(1959)를 편찬했다.
181) 삼포(三圃) : 죽포(竹圃) 이현룡(李見龍), 국포(菊圃) 이문룡(李
文龍), 매포(梅圃) 이택룡(李澤龍)으로 이들을 기리기 위한 비를 경상
북도 고령군 대가야읍 본관리에 세웠다.

挽李星勳 二首

公家儒術傳箕業　三圃淵源淵上接
講誼何年賜喜顏　如今追淚傷非愜

衆啾席上儀容肅　簡重一言儕友服
璋質若收秉燭功　聲光豈但門闈獨

43. 만년에는 자취마저 감추어 2수[182] — 이영석[183]

만사

훌륭한 선조[184]의 종손으로 십 세의 기반이 되었으니
팔순 연세의 덕을 모두 함께 받들어 높였다네
친족이 화목한 것은 예로부터 쉬운 일이 아니니
서로 다툼이 없는 곳[185]에서 모두가 기뻐하네

---

182) 경자년(庚子年, 1960)에 지은 것이니, 당시 작자의 나이는 56세였
다.

183) 이영석(李榮錫, 1873~1960) : 본관은 광주, 석담 이윤우의 13대
종손이며, 칠곡군 지천면 상지에 살았다. 종가를 잠시 떠나서 식솔을
거느리고 상경해, 학생들에게 한문을 가르치기도 했다.

184) 훌륭한 선조 : 석담(石潭) 이윤우(李潤雨, 1569~1634)를 가리킨
다. 자는 무백(茂伯), 호는 석담(石潭)으로, 정구(鄭逑)의 문인이다. 미
수 허목은 그의 묘갈에서, "석담은 대현(大賢)의 문하에서 학문을 닦았
는데, 집에 있을 때에 부모를 섬기고 형제간에 우애를 쌓은 것이 진실
로 군자의 선행이었고, 곧으면서도 온화하고 엄하면서도 너그러움이
있었다. 임금을 섬김에는 충직한 도리로 보필했다고 해서 소문이 자자
했다"라고 했다.

185) 서로 다툼이 없는 곳 : 무상유(無相猶). ≪시경(詩經)≫에 "형과
아우들이여, 서로 화목하게 지낼 것이요, 서로 도모하려 하지 말지어다

순수한 그 마음에 어눌한 듯[186] 진실한 말씀
만년에는 자취마저 감추어 번거로움 없었네
종전에 가르침을 받던 자취를 헤아리며
이제 모든 것을 하나의 탄식에 부쳐 보낸다네

挽李慶來 榮錫 二首

名祖爲宗十世基　八旬年德衆同推
睦族自來非易事　無相猶處盡熙熙

朴實其情木訥言　晚增韜晦簡無煩
歷數從前承誨迹　如今都付一聲吞

(兄及弟矣, 式相好矣, 無相猶矣)"라고 했다. 형제간의 화목을 말한다.
186) 어눌한 듯 : 목눌언(木訥言). ≪논어≫ <자로편(子路篇)>에 "강
직하고 굳세어 굽히지 않고 꾸밈이 없고 말수가 적은 사람은, 인에 가
까운 사람이다(剛毅木訥近仁)"라고 했다.

44. 영남에서 맺은 인연[187] — 최봉곤[188] 만사

죽로(竹老)[189]께서 기업을 시작했고
관봉(鸛峰)과 매와(梅窩)[190]가 부지런히 이어받았네
삼백 년 동안 면면히 이어지는 제사
거듭거듭 유망(儒望)이 향기로웠네
수봉은 그 뒤를 더욱 견고히 한 분으로
이른 나이에 학문에 뜻을 두었다네
녹리(甪里)[191]에서 나아갈 바를 정했고

---

187) 신축년(辛丑年, 1961)에 지은 것이니, 당시 작자의 나이는 57세였다.
188) 최봉곤(崔鳳坤, 1894~1961) : 본관은 영천, 자는 운경(雲卿), 호는 수봉(修峯)으로 죽헌(竹軒) 최항경(崔恒慶)의 후손이다. 성주군 수륜면 법산에 살았는데, ≪수봉집(修峯集)≫ 8권 1책이 전한다.
189) 죽로(竹老) : 죽헌(竹軒) 최항경(崔恒慶)을 말한다. 최봉곤이 죽헌의 후손이기 때문에 이렇게 말했다.
190) 관봉(鸛峰)과 매와(梅窩) : 최항경의 아들 관봉 최은(崔檼, 1583~1656)과 매와 최인(崔轔, 1597~1644)을 말한다. 이들은 수하(水下) 삼현으로 칭송되며, 오암 서원(鰲巖書院)에 제향되어 있다.
191) 녹리(甪里) : 칠곡의 각산에 살았던 회당(晦堂) 장석영(張錫英, 1851~1929)을 가리킨다.

고산(高山)192)에서 어려운 곳을 질의했다네

조심성 있는 엄숙한 의표 숙연했고

호기롭고 상쾌한 기개는 편안했네

진심에서 나오는 은근한 의론이요

문장을 이루는 전아한 말씀이었네

선을 좋아하는 것을 어찌 그리 즐겼던고

악을 미워해 또한 그릇됨을 비판했네

집에 있을 때는 집안사람들이 의지하고

향리로 나가서는 동료들이 의지했네

원근을 마침내 합당한 곳으로 귀착시키니

덕망을 거의 어김이 없었다네

유독 오복의 첫째인 장수를 한탄하노니

어찌 나이 예순여덟에 그치고 마는고

예로부터 군자의 사업은

모두 공부로부터 온전해지는 것

하물며 우리가 십 세로부터

영남193)에서 맺은 인연이 특별함에랴

---

192) 고산(高山) : 성주의 고산정에 살았던 공산(恭山) 송준필(宋浚弼,
1869~1943)을 가리킨다.

193) 영남 : 산남(山南). 산남도로서 경상도를 가리킨다.

회연에서 함께 의리를 높였나니
두 집이 한집처럼 잇닿아 있었네
세상이 혼탁해 법도가 없는데
공께서는 갑자기 저승으로 가고 마시는가
아아! 크게 돌아가시는 그 길
잠시 멈추고 나의 슬픔을 들어 보소
물 한 줄기 오르내리는 거리에 살면서
병세가 있다는 말을 듣지 못했는데
홀연히 영결을 당하게 되었으니
천지를 바라보아 아득하기만 하구나
귀신과 인간이 하나의 이치 사이라지만
이와 같이 끊겨 인연이 없게 되었네
영령께서 만일 살았던 세상이 없었더라면
내가 온들 어찌 다시 불러 모실 수 있으리

挽崔修峯 鳳坤

竹老肇基業　鶴梅繼述勤
綿延三百禩　重重儒望芬
修峰後勁者　早年志學聞
角里趨向定　高山質難疑
矜莊儀表肅　豪爽氣槩怡

發衷懇懇論　成章典雅詞
好善何太嗜　疾惡亦攻非
家處族黨仗　鄉出儕流依
近遠歸合地　德望庶無違
獨恨一曰壽　何止六八年
古來君子業　咸由秉燭全
況余自十世　山南契誼偏
淵上共尊義　兩家一室連
世混多不法　公遽入重泉
嗟嗟大歸路　暫留聽我憐
一水下上距　未聞症勢傳
忽當永訣穴　地天望杳然
神人一理間　若是斷無緣
靈如無生世　吾行寧復召南前

116

45. 어진 집 객이 되어 2수 – 이영우[194] 만사

경주의 인물로 공의 집을 헤아리나니
상사(上舍)[195]의 뜰 앞에 어진 아들을 더했네
성품은 시원스러워 그 바탕을 알 수 있고
고금에 통달해 글로써도 화려했네

당년에 자식의 초례로 어진 집 객이 되어[196]
우러러보던 마음 돌아와서도 잊지 못했네

---

194) 이영우(李英雨, ?~?) : 본관은 경주, 호가 해산(奚山)으로 경상북
도 영일군 기계면에 살았다. 1924년에 이종현(李鍾炫) 등과 함께 선조
이말동(李末仝, 1443~1518)의 문집인 ≪도원선생집(桃源先生集)≫
을 간행했다. 이육사의 집안 아저씨로, 이육사가 요양차 그의 집을 자
주 찾았다고 한다.
195) 상사(上舍) : 송(宋)나라 때 태학(太學)에 상사(上舍), 내사(內舍),
외사(外舍)의 삼사를 둔 것에서 유래해 우리나라에서도 성균관 유생을
삼사생(三舍生)이라고 했다. ≪송사(宋史)≫ 권157, <선거(選擧)>.
196) 당년에⋯ 객이 되어 : 작자는 월성 이씨 이연우(李演雨)의 따님을
며느리로 맞았다. 이 과정에서 자연스럽게 그 집안사람인 이영우와 인
연을 맺게 된다.

누가 알았으리, 기회 닿는 대로 자주 뵈올 계획이
지금같이 갑자기 사생(死生)으로 뒤집힐 줄을

挽李奚山 英雨 二首

東州人物數公家　上舍庭前賢子加
性度豁如知素質　古今通達以文奢

當年醮子客仁門　瞻仰歸來念念存
誰識隨時頻拜計　如今頃刻死生飜

46. 부질없이 배운 옛 학문 2수[197] — 장진영[198] 만사

가을 기운이 하늘에 가득한 구월
고인의 상여를 어이 차마 보리
이후 여러 일로 미루어 생각해 보면
우리 고을에 무슨 일이나 어렵지 않겠나

간중(簡重)한 풍의(風儀)에 정성스런 말씀
작은 수레 이르는 곳엔 시끄러움 사라졌네[199]

---

197) 임인년(壬寅年, 1962)에 지은 것으로, 당시 작자의 나이는 58세였다.

198) 장진영(張鎭永, 1886~1962) : 일제 강점기 유학자로 성주군 가곡(家谷)에 살았으며, 본관은 인동, 자는 경홍(景弘), 호는 동산(東山)이다. 자하(紫下) 장기석(張基奭, 1860~1911)의 문하에서 수학했으며, 광복 후 1946년 봄에 스승 장기석의 충의와 절개를 추모하기 위해 백범(白凡) 김구(金九), 심산(心山) 김창숙(金昌淑)과 함께 해동청풍비(海東淸風碑)를 복구했다. 저서로는 ≪동산유집(東山遺集)≫이 있다.

199) 작은 수레… 사라졌네 : 공자가 ≪논어≫ <위정(爲政)>에서, "사람으로서 신의가 없다면 그런 사람을 어디에 쓸지 나는 알 수가 없

부질없이 옛 학문 배워 아무런 힘도 없었지만
이후 성패가 누구에게 있을 줄 어찌 알겠소

挽張東山 鎭永 二首

秋氣凌空九月寒　故人征翟忍能看
今後小多追思地　吾鄕甚事不艱難

簡重風儀切近言　小車到處息群喧
徒然學古無權者　事後焉知成敗存

---

47. 김정태[200]가 왔다가 돌아가서 시를 보내와 화답시를 청하거늘 이에 시 한 수를 지어 보내 줌

초가집에서 쓸쓸히 이 삶을 보내노라니
다행히 아름다운 손님 만나 정성스런 마음을 토로했네
오늘 고인의 도를 강론하며 선대의 정의를 좇았으니
이별 후엔 산천만 아득히 바라보는 마음이라네

金正泰旣枉而歸 投詩求和 仍供一粲

白屋蕭蕭送此生　幸逢嘉客吐心誠
居今講古追先誼　別後山川杳望情

---

200) 김정태(金正泰, ?~?) : 자가 중일(仲一)로 경북 울주군(蔚州郡)
두동면(斗東面) 천전리(川前里)에 살았던 사람이다.

48. 정묘한 필법201) — 정원호202) 만사

옛날 우리 집안이 전성할 때를 생각하노니
덕업과 문학으로 서로 명망 높았지
세대가 내려와 지금은 복이 어찌 이리 적은가
원로들께서 남김없이 차례로 돌아가시네
어찌하여 대세가 기울어지고 엎어져서
후진들 또한 길다 짧다 할 수도 없구나
연래에는 따라가기를 바야흐로 자주 했으나
지킬 방법이 없어 함께 탄식만 했네
공께서는 필법이 있어 정묘했고
공께서는 분석함도 있어 선악을 잘 분별했네

---

201) 신축년(辛丑年, 1961)에 지은 것이니, 당시 작자의 나이는 57세였다.
202) 정원호(鄭源鎬, 1891~1961) : 본관은 청주, 자는 달부(達夫), 호는 수당(受堂)으로, 한강 정구의 15대손이다. 성주군 지촌에 살았다. 1867년(고종 4)에서 1873년(고종 10)까지 경상도 관찰사로 있던 김세호(金世鎬)가 편찬한 ≪교남지≫를 증보 수정해 경상도의 마지막 도지 ≪교남지≫를 편찬·간행했다. ≪교남지≫는 전76권 15책이다.

조만간 만년의 성공203)을 거둘 듯했더니

죽음의 기별204)이 하필 일문에 당도하는고

그만이로다, 수명의 한계는 어쩔 수 없지만

이른바 진월(秦越)205)처럼 멀어 너무 당혹스럽네

일흔하나가 장수했다고 하지 않을 수는 없지만

내 지정(至情)의 통곡에도 너무 바삐 가시는 듯하네

挽族侄 源鎬

念昔吾宗全盛日　德業文學迭相望

降到如今祚何薄　老宿無餘次第喪

奈何大勢傾覆地　後進亦無可短長

年來追逐方前密　無計保守共歎傷

---

203) 만년의 성공 : 상유경(桑楡景). '상유'는 저녁 해가 뽕나무나 느릅나무 위에 걸려 있다는 뜻이니 해 질 무렵이고 '경'은 경치이니 만년의 볼만한 풍경이다. 즉, 만년의 성공을 의미한다.

204) 죽음의 기별 : 전모(前茅). 춘추 시대 초(楚)나라의 전군(前軍)에서 사용한 기(旗)로서, 적(敵)을 발견하면 이것을 높이 들어 후군(後軍)에게 알렸던 척후병을 말한다. 여기서는 죽음의 알림을 의미한다.

205) 진월(秦越) : 중국 춘추 시대(春秋時代)의 두 나라 이름으로, 진(秦)나라는 서북쪽, 월(越)나라는 동남쪽에 있어 거리가 극히 멀었다. 여기서는 이승과 저승의 길이 멀다는 것을 비유적으로 표현한 것이다.

公有筆法入精妙　公有分析辨否臧
早晏若收桑榆景　前茅何必一門當
已矣大限莫進退　所謂秦越皆荒唐
七十一年非不壽　哭我至情若太忙

49. 우연히 읊음

집 뒤의 청산은 눈썹같이 굽이돌고
문 앞에는 흐르는 물, 물가엔 울타리
책상에 있는 고서는 선비의 기미요
이내 몸 세상길과 어긋나 자취가 잘못되었네
벼에는 단비가 없고 매미 소리 진동하는데
나무에는 맑은 그늘 깔리고, 흰 해는 더디게 가네
마음대로 가고 와 가다가 다시 머무나니
괴롭고 즐거움이 어디 간들 나의 때 아니랴

偶吟

屋背靑山曲似眉 門前流水水邊籬
案有古書儒氣味 身違世路跡差池
秧無甘雨稺蟬動 樹落淸陰白日遲
來去委心行復止 苦歡何往不吾時

50. 비 온 후 밤에 홀로

바람은 더운 기운을 따라 맑아지고
달은 갠 하늘에서 밝구나
거리의 떠들썩한 소리 밤이 되자 멎고
시냇물은 베갯머리에서 우는구나
시서(詩書)에 본디 품은 뜻을 두어
전원206)에 사는 것이 내 평생의 일이었네
사람들은 비록 어리석다 조롱하지만
세상을 경영하는 것은 내 뜻이 아니라네

雨後獨夜

風由暑氣淸 月得霽天明
街戱夜分歇 溪流枕上鳴
詩書存素志 畎畝是平生
人縱嘲愚拙 吾無向世營

---

206) 전원 : 견묘(畎畝). 도시에서 떨어진 땅으로, 시골 혹은 전원을 가
리킨다.

51. 벽초 정사[207]에 차운함

어느 시냇가 언덕에 집 한 채를 새로 지었으니

벽초 옹[208]의 만년 계획 이 물가에서 늙는 것이라네

나라 세우던 당년에는 백발이 되었으니

서쪽으로 갔던 어느 날은 청춘이 울었겠지[209]

마음속에 어찌 다스릴 좋은 계책이 없었으리오마는

생각 밖에 도리어 뒤집는 사람이 많았다네

의와 이의 분수는 함께하기 어려우니

이로 인해 지사는 참된 마음을 기른다네

---

207) 벽초 정사(碧樵精舍) : 경상북도 봉화군 춘양면 서벽리에 있는 정
자로, 정문흠(鄭文欽)이 세웠다.

208) 벽초 옹(碧樵翁) : 정문흠(鄭文欽, 1893~1976)을 말한다. 본관은
청주, 자는 윤명(允明), 호는 벽초(碧樵)로, 봉화에 살았다. 1919년
3·1 운동 후 만주로 건너가 1923년에 만주 동중(東中)을 졸업했다. 이
후 귀국해 함경북도 경흥군 금융 조합장을 지낸 바 있으며, 국회 의원,
자유당 총무 등을 역임했다.

209) 서쪽으로… 울었겠지 : 정문흠이 경술국치(庚戌國恥) 후 3·1 운
동 당시 만주로 망명해 시베리아와 상해를 돌아다니면서 독립운동으
로 젊은 시절을 보낸 것을 의미한다.

次碧樵精舍韻

某水某邱一屋新　碧翁晚計老斯濱
建國當年成白髮　逋西何日泣青春
胸中豈乏治安策　料外還多反覆人
義與利分難共轍　由來志士養心眞

52. 전쟁 통에 아들마저 잃고 2수[210] — 이경석[211] 만사

혁혁한 문벌 광릉 이씨 세계 중에
박옹(朴翁)[212]이 또한 그 한 가문이로다
주손이 친절하고 정중해
여러 일가들이 모두 칭송을 하는구나

전쟁 통에
아들을 잃고[213] 지낸 노년

---

210) 무술년(戊戌年, 1958)에 지은 것이니, 당시 작자의 나이는 54세였다.

211) 이경석(李庚錫, 1880~1958) : 본관은 광주(廣州)이며 석담 이윤우의 후손으로, 경북 칠곡군 매원에 살았다. 매경(梅耕) 이수정(李壽鼎, 1858~1921)의 아들이며 정재철(鄭在哲)의 처남이다.

212) 박옹(朴翁) : 이원록(李元祿, 1629~1688)을 말한다. 본관은 광주, 자는 사흥(士興), 호는 박곡(朴谷)이다. 낙촌(洛村) 이도장(李道長)의 아들로 태어나 미수(眉叟) 허목(許穆)의 문하에서 수학했다. 8대손 이상손(李相孫)이 편집·간행한 ≪박곡집(朴谷集)≫이 있다.

213) 아들을 잃고 : 상명(喪明)으로, 아들을 잃은 것을 말한다. 본래는

아! 누가 순리를 따르지 않으리오만

헌신짝 버리듯이 영원히 가시고 말았구나

挽李丈 庚錫 二首

赫閥廣陵世　朴翁又一家
曾孫敦厚地　衆族頌聲多

劫歷干戈日　明喪耄耋年
嗟誰非理屈　脫屣永歸全

시력을 잃어 소경이 되는 것을 의미하는데, 자하(子夏)가 아들의 죽음
에 너무 상심해 실명(失明)했다는 고사(故事)에서 유래했다.

53. 회연의 송단 모임

해가 막 지려는데 이러한 아름다움 있으니
그대 집에선 맛난 술과 때아닌 안주를 내오는구나
내는 맑고 돌은 희니 신령스런 곳임을 알겠고
큰 들판 누른 구름은 이미 보리 익었기 때문이네
내 몸과 마음을 삼가서 마땅히 스스로 힘쓸지니
세상일은 버려두고 근심하지 마세나
봉비암(鳳飛巖)214) 우러러보니 물결 돌아드나니
천 층으로 쌓아야 비로소 공적 거두리

淵上松壇有集

速會斜陽有此休　君家旨酒不時羞
晴川白石知靈境　大野黃雲已麥秋
飭我身心當自勵　任他世事莫相愁
仰瞻飛鳳回瀾倒　積得千層始績收

------

214) 봉비암(鳳飛巖) : 경북 성주의 회연 서원 뒤에 있는 우뚝 솟은 바위 벼랑으로 <무흘구곡(武屹九曲)>의 제1곡에 해당한다.

54. 부지런히 학문하던 때 2수 — 김종식[215] 만사

깊이 가문을 위하던 날
부지런히 학문을 하던 때 있었네
남국의 많은 사람들이 따랐고
본보기로 여럿이 추앙했다네

이웃에서 반양(潘楊)[216]의 정의를 맺어
이를 인연으로 경계하는 잠언을 얻었다네
어찌하여, 강건하고 씩씩한 몸을 받았으나
수명의 연한은 사라지지 않고 오고야 마는가

---

215) 김종식(金種植, ?~?) : 경남 의령군 정동(正洞)에 살았다.

216) 반양(潘楊) : 반(潘)과 양(楊)의 다정한 사이로, 혼인으로 인해 인
척 관계까지 겹친 오래된 좋은 사이를 말한다. 진(晉)나라 반악(潘岳)
의 아버지와 양중무(楊仲武)의 조부가 오래전부터 친교가 있었는데,
반악의 아내가 중무의 고모였기 때문에 반악과 양중무는 더욱 친밀하
게 지냈다고 한다.

挽金鍾植 二首

到底爲家日　辛勤問學時
南國多追逐　規模衆所推

隣結潘楊契　因緣獲警箴
如何康壯賦　大限未衰臨

55. 여름날 즉흥시

푸른 산 그림자 지고 한낮의 그늘 느긋한데
대나무가 청풍을 이끌고 창으로 들어오는 시간
홀로 앉아 휘파람 불며 술잔을 기울이나니
주인 늙은이의 마음을 누가 있어 알아주리

夏日卽事

靑山影落午陰遲　竹引淸風納牖時
獨坐嘯歌傾盞酒　主翁心事有誰知

56. 처서 다음 날

가을 기운이 더위에 지친 사람을 비로소 일깨우니
기거(起居)와 호흡(呼吸)이 몸에서 새롭구나
차가움과 더움이 노경에는 조절하기 어려운데
환절기를 맞아 감기가 쉽게 이르고 마네

處暑又明日

秋氣初惺困暑人　起居呼吸自身新
寒溫衰境難爲適　換節當時感易臻

57. 강직하고 방정한 성품 2수[217] ― 이원태[218] 만사

밝게 빛나는 것은 강직하고 방정한 성품에서 나오고
간이(簡易)한 말씀은 여러 사람들을 상대해 상세하네
이해하기 어려운 시[219]와 선비의 기품이 있는 글씨
금세(今世)의 우리 사이 뉘 있어 길이를 견주어 볼까

팟국과 보리밥[220]을 먹으며 다닐 때 둘이 참 좋았는데

---

217) 갑진년(甲辰年, 1964)에 지었으니, 당시 작자의 나이는 60세였다.
218) 이원태(李源台, 1899~1964) : 본관은 진성(眞城), 자는 두약(斗若), 호는 원대(圓臺)로 안동 토계(土溪)에 살았다. 퇴계 이황의 종손인 이충호(李忠鎬)의 아들로, 그의 따님이 한강 정구의 종손 정원식(鄭元植)에게 시집왔다. 김동삼(金東三) 등과 만주에서 독립군 기지 건설에 참여하는 한편, 신흥무관학교(新興武官學校)의 교재인 ≪배달족강역형세도(倍達族疆域形勢圖)≫를 저술했다.
219) 이해하기 어려운 시 : 본문의 '길굴오(佶屈聱)'는 길굴오아(佶屈聱牙)의 준말이다. 문장이 답답하고 듣기 힘들다는 뜻으로, 어렵고 읽기 힘든 글을 형용한다. 한유(韓愈)의 <진학해(進學解)>에, "주나라의 고문과 은나라의 반경은 읽기가 아주 어렵다(周誥殷盤, 佶屈聱牙)"라고 했다.
220) 팟국과 보리밥 : 주자의 <덕흥현 섭원개의 집에 들렀다가 우연히

내가 그대의 득병을 듣고 괴로운 마음을 전했었지
이제 다시 길이 이별하며 글을 지어 보내나니
천상과 인간 세상으로 나뉘어도 어이 인연 끊으리

挽李圓臺 源台 二首

昭明出自性强方　簡易一言敵衆詳
佶倔聱詩儒雅筆　吾儕今世較誰長

葱麥行時兩酷親　我聞君病苦輪神
如今永作修文去　天上人間奈絶因

짓다(過德輿縣葉元愷家偶題)>에 "팥국과 보리밥은 잘 어울리니, 파
는 단전을 따뜻하게 하고 밥은 허기를 달래 주네. 학자의 풍미가 박하
다 하지 말게, 이웃집엔 아직 밥 짓는 연기조차 오르지 않네(葱湯麥飯
兩相宜, 葱暖丹田飯瘳飢. 莫道儒家風味薄, 隔鄰猶有未炊時)"라고 했
다. ≪송시기사(宋詩記事)≫ 권48.

58. 마음 곧바로 통하던 이 2수[221] — 정주화[222] 만사

나이와 항렬이 달라도 지기(志氣)가 같아서
마음을 이야기할 때마다 곧바로 서로 통했네
누가 알았으리, 허락한 후 모두 허사 될 줄을
사람이 스스로 어긴 것이지 나 자신은 아니라네

아침저녁으로 경륜해 돈독하게 가문을 일으키니
자식은 따르고 아버지는 가르쳐 그 광경 아름다웠네
일흔여섯 해를 살았으니 어찌 장수를 혐의하리오마는
다만 어린 족숙(族叔)[223]이 장가들지 못했음을 한탄하노
라

---

221) 을사년(乙巳年, 1965)에 지은 것이니, 당시 작자의 나이는 61세였
다.
222) 정주화(鄭周和, 1890~1965) : 본관은 청주, 자는 은경(殷卿), 호
는 후암(后庵)으로, 한강 정구의 후손이다. 성주군 유촌(柳村)에 살았
다.
223) 어린 족숙(族叔) : 암숙(闇叔). 정주화의 아들 정원용(鄭元容)을
가리킨다.

挽族祖 周和 二首

年行差支志氣同　論心隨處直相通
誰知諾後歸虛事　人自違之不在躬

早晚經綸篤起家　子隨父教景光佳
七十六年何慊壽　但嗟闍叔未冠加

59. 공손한 위의에 진실한 말씀 2수[224] ─ 여주연[225] 만사

남전(藍田)의 문벌이 예나 지금이나 같은데
성로(惺老)[226]의 집안을 우헌 옹이 이었다네
진솔한 위의(威儀)에 공손하고 진실한 말씀
여러 사람들이 자리 다투며 절충(折衷)했네

선세의 정의(情誼)로 함께 나아가길 사십 년
연당(淵堂)[227]에서 가르침을 받은 것이 몇 번이던가

---

224) 을사년(乙巳年, 1965)에 지은 것이니, 당시 작자의 나이는 61세였다.

225) 여주연(呂周淵, 1883~1965) : 본관은 성산(星山), 자는 성약(聖若), 호는 우헌(愚軒)으로, 성주의 수촌에 살았다. 원정(圓亭) 여희림(呂希臨)의 후손이며, 공산(恭山) 송준필(宋浚弼)의 문인이다.

226) 성로(惺老) : 여주연의 아버지 여대회(呂大會, 1855~1932)를 가리킨다. 그의 본관은 성산, 자는 치종(致鍾), 호는 성재(惺齋)로 성주 수촌에 살았다. 장복추(張福樞)의 문인으로 윤주하(尹冑夏)ㆍ이승희(李承熙) 등과 교유했다.

227) 연당(淵堂) : 경북 성주군 수륜면의 회연 서원을 말한다.

어둠을 틈타 도깨비가 어지럽게 일어나서
장로께서 돌아가시니 어찌 슬프지 않으리오

挽呂愚軒 周淵 二首

藍田門閥古今同　惺老庭前繼述翁
眞率威儀恭訥辨　衆人爭席折其衷

先誼同趨四十年　淵堂承誨幾何緣
乘昏魍魎紛紜起　長老謝歸曷不憐

60. 발자취를 숨기고 4수[228] — 노근용[229] 만사

품행은 진실하며 순수했고
문장은 온아하면서도 교묘했네
술 마신 뒤의 사람 사랑하는 뜻은
봄바람처럼 자리를 따뜻하게 했네

세상길은 어찌하여 이렇게 각박한가
머리카락 잘라 유학의 도리를 범하고 말았네
어찌 온전히 돌아가는 뜻[230]으로 바꾸어
발자취를 숨겨 번거로움을 꺼리지 않았던고

---

228) 을사년(乙巳年, 1965)에 지은 것이니, 당시 작자의 나이는 61세였
다.

229) 노근용(盧根容, 1884~1965) : 자는 회부(晦夫), 호는 성암(誠庵)
으로, 경상남도 창녕(昌寧)에 살았다. 이종기(李鍾杞)·노상직(盧相
稷)·곽종석(郭鍾錫)의 문하에서 수학했는데, 저서로 ≪성암집(誠庵
集)≫ 24권 13책이 전한다.

230) 온전히 돌아가는 뜻 : 부모에게 받은 신체를 아무 손상 없이 온전
한 채로 되돌리는 것으로, 여기서는 머리카락을 보존하고 세상을 떠났
다는 것을 의미한다.

눌문(訥門)231)에 과거 공부를 벌여 두었으니
비망(備望)232)은 다른 데로 가지 않았다네
세상 마치도록 스승을 받들면서
얼마나 많은 정성을 베풀었던고

일찍이 뇌옹(磊翁)233)에게 곡하던 날
은근히 나에게 마음을 보내 주셨지
이제 영원히 멀어지고 말았으니
어찌 차마 한번 목 놓아 불러 보지 않으리

挽盧誠庵 根容 四首

操行眞純是 文章穩雅工

---

231) 눌문(訥門) : 소눌(小訥) 노상직(盧相稷, 1855~1931)의 문하를
말하는 것으로, 노근용이 소눌의 문하에 출입했기 때문이다.

232) 비망(備望) : 비삼망(備三望)으로, 한 사람의 벼슬아치를 뽑을 때
에 망(望)으로 세 사람의 이름을 갖추어서 천거(薦擧)하던 일을 말한
다.

233) 뇌옹(磊翁) : 뇌헌(磊軒) 정종호(鄭宗鎬, 1875~1954)를 가리킨
다. 정종호의 본관은 청주, 자는 한조(漢朝), 호는 뇌헌(磊軒)이다. 경
상북도 성주군 갖말[枝村]에 살았으며 한강 정구의 14대손이다.

酒後愛人意　春風座上融

世途何太刻　剃亂犯儒倫
曷革全歸義　逃踪不憚頻

訥門科學列　備望不於他
終世尊師地　幾陳誠力多

曾哭磊翁日　懇懃遺意吾
今焉千古隔　那忍一嗚呼

61. 일생 동안 지닌 자강의 마음 3수[234] — 정지린[235] 만사

일생 동안 자강(自强)의 마음을 그만두지 않아
법도를 지키면서 밤낮으로 공경했네
어찌 처자식만 나를 따라 행동했으리
아우와 조카들도 즐겨 그 가르침 들었다네

동래(東萊)의 문벌 일천 년 이래로 유구한데
졸로(拙老)[236]께서 선비의 모범을 십 세에 전하셨네
전전긍긍과 수신제가로 선조의 위업을 이었으니
연호(蓮湖)[237]의 문호가 또한 아름답게 되었네

---

234) 정미년(丁未年, 1967)에 지었으니, 당시 작자의 나이는 63세였다.
235) 정지린(鄭之麟, 1878~1967) : 본관은 동래, 호는 익강재(翊彊齋) 혹은 강재(彊齋)다. 칠곡군 지천면 연호리에 살았으며, 저서로 ≪강재문집(彊齋文集)≫ 4권 2책이 있다.
236) 졸로(拙老) : 정수(鄭銖, 1573~1612)를 가리킨다. 그의 본관은 동래(東萊)로, 자는 평보(平甫), 호는 양졸재(養拙齋)다. 한강 정구의 문인으로 칠곡군 지천면 사수동에 살았다.
237) 연호(蓮湖) : 정지린이 경북 칠곡군 연호리에 살았으므로 이렇게

곧은 말과 행동이 세상에서는 부합하지 않으나
주신 말씀 한 조각은 쇠방망이처럼 느껴졌다네
지금도 책상 위에는 남기신 문자가 있으니
눈길 닿는 곳마다 어찌 눈물 흐르지 않으리오

挽鄭翊彊齋 之麟 三首

一生不息自強心　勿越準繩日夕欽
豈但妻孥隨我動　亦同弟侄肯聽箴

東萊宦閥一千年　拙老儒謨十世傳
戰兢修齊承祖業　蓮湖門戶又嬋娟

謇直吾行世不宜　贈言一片感鑪鎚
至今冗上餘殘字　目到何曾不淚時

표현했다.

62. 단표누항을 즐기며[238] ─ 이휘기[239] 만사

명성은 외물이라 어찌 나와 관계있으리
참학문을 위해서 독서하지 않을 수 없네
팔순에도 지녔던 곧고 돈독한 수신의 법도
단표누항(簞瓢陋巷)[240]을 즐긴 것이 아니랴

挽李鶴南 漢卿

聲名外物何關余　實學不能不讀書
八旬貞篤修身法　非樂簞瓢陋巷居

---

238) 정미년(丁未年, 1967)에 지었으니, 당시 작자의 나이는 63세였다.
239) 이휘기(李徽基, 1882~1967) : 본관은 벽진, 자는 한경(漢卿), 호
는 학남(鶴南)으로 이종기(李種杞)의 문인이다. 칠곡군 지천면 원동에
살았으며, 저서로는 ≪서정록(西征錄)≫이 전한다.
240) 단표누항(簞瓢陋巷) : 소박한 밥상과 누추한 거리라는 말로, 청빈
한 선비의 생활을 말한다. 공자가 안연을 칭찬하며, "한 그릇의 밥과 한
바가지의 물로 누추한 시골에 사는 것을 사람들은 그 근심을 견뎌 내지
못하는데, 안회는 그 즐거움을 바꾸지 않으니 어질구나, 안회여!(一簞
食一瓢飮, 在陋巷, 人不敢其憂, 回也不改其樂, 賢哉, 回也!)"라 한 바
있다. ≪논어≫ <옹야(雍也)>.

63. 매화 아래 함께한 자리 2수[241] ─ 이만환[242] 만사

짐승과 새가 사는 곳에 함께 살 수 있겠나
세속의 신을 벗어 던진 것 또한 장부로다
지하에 계시는 고인을 뒤따르던 날
무슨 일을 이야기하더라도 서로 털어놓았지

며느리와 아이가 우는 것은 말하지 말라
대대로 내려오는 집안의 규범은 다시 없다네
해마다 매화 아래서 벗들과 함께하는 자리
아우를 보면 어찌 형이 생각나지 않겠소

---

241) 무신년(戊申年, 1968년)에 지은 것으로, 당시 작자의 나이는 64세였다.

242) 이만환(李萬煥, 1911~1968) : 본관은 광주, 자는 뇌경(賴卿)으로, 박곡 이원록의 후손인데, 칠곡군 매원에 살았다. 한강 정구의 후손 정재철(鄭在哲)의 딸을 아내로 맞았다.

挽李萬煥 二首

獸蹄鳥跡可居乎　脫屣塵寰亦丈夫
地下古人追逐日　討論何事好相輸

婦哭兒啼且莫言　世家餘範更無存
年年梅下朋儕席　見弟安能不思昆

64. 문 앞의 거리

풀밭에 앉았노라니 바람이 언덕에서 불어오고
다리 위를 걷노라니 물이 개울에서 흐느끼네
소나무 그늘에서 쉬었다가 다시 일어서니
나를 아는 새가 가지 위에서 지저귀네

門前巷

坐草風生堤　踏橋水咽溪
松陰休且起　慣我鳥枝啼

65. 옥산 서원의 문원공 사당²⁴³⁾을 배알하고

옥산 서원을 찾아 골짜기를 들어서니
체인묘²⁴⁴⁾의 모습이 아직도 의연하구나
성현 되기를 희망하며 많은 공부를 하셨나니
멀리 귀양 가서 남긴 유풍을 상상해 보네²⁴⁵⁾

謁玉山文元廟

爲訪玉山入洞天　體仁廟貌尙依然
聖賢期待工夫積　想像遺風遠竄年

---

243) 문원공 사당 : 경상북도 경주시 안강읍 옥산리에 있는 회재(晦齋)
이언적(李彦迪, 1491~1553)의 사당을 말한다. 그의 시호가 문원공(文
元公)이기 때문에 이렇게 표현했다.

244) 체인묘(體仁廟) : 옥산 서원의 사묘다. 체인(體仁)은 어질고 착한
일을 실천에 옮긴다는 의미다.

245) 멀리 귀양… 상상해 보네 : 회재 이언적의 본관은 여강(驪江), 자
는 복고(復古), 호는 회재(晦齋)·자계옹(紫溪翁)이다. 1547년(명종
2) 윤원형 일당이 조작한 양재역 벽서 사건(良才驛壁書事件)에 무고하
게 연루되어 강계로 유배되었는데, 그곳에서 많은 저술을 남긴 후 세상
을 떠났다.

66. 매화

꽃은 가지마다 피었지만 잎은 아직 돋지 않았는데
하많은 맑은 향기가 나에게로 가만히 다가오네
때는 비록 납설(臘雪)[246]을 지나온 줄 알지만
달 밝은 밤 성긴 그림자 사이를 짐짓 배회한다네

梅花

葩着枝枝葉未開 何多淸馥襲人來
時節雖知經臘雪 月明踈影故徘徊

---

246) 납설(臘雪) : 동지가 지난 후, 세 번째 미일(未日)인 납일(臘日)에
내리는 눈을 말한다.

67. 솔잎 먹고 산 반평생 2수[247) ─ 김인식[248] 만사

옛사람은 지금 세상에 살 수는 없지만
웃통을 벗고, '나를 더럽힐 수 있겠나'라고 한 적이 있
네[249]
가야산 깊고 궁벽한 곳으로 찾아들어
솔잎을 먹으면서 반평생을 살았구려

---

247) 무신년(戊申年, 1968)에 지은 것으로, 당시 작자의 나이는 64세였다.

248) 김인식(金仁埴, 1885~1968) : 본관은 서흥(瑞興), 자는 극부(克夫), 호는 유암(由菴)이다. 현풍의 도동리에서 출생했으나 가야산 아래 백운동으로 이주했다. ≪소학≫ 공부를 열심히 했다고 한다. 현재 백운동 중기 마을 옛집에는 '유암서흥김공유적비(由菴瑞興金公遺蹟碑)'가 세워져 있다.

249) 옛사람은… 한 적이 있네 : ≪맹자≫ <공손추(公孫丑)>에서 맹자는 유하혜(柳下惠)가, '너는 너고 나는 나니 비록 내 곁에서 웃통을 벌거벗더라도 네가 어찌 능히 나를 더럽히리오!(爾爲爾, 我爲我, 雖袒裼裸裎於我側, 爾焉能浼我哉!)'라고 하면서, 나아가면 어진 것을 숨기지 않았으며 버려져도 원망하지 않았다고 했다. 여기서 옛사람은 바로 유하혜를 가리킨다.

안빈이 어찌 쉬운 것이리, 사람들이 모두 근심하는데
어찌 가난을 즐긴 것이리, 도를 스스로 닦은 것이라네
한평생의 심법(心法)을 어떻게 증명할 수 있을까
청산을 향해 크게 숨 쉬고, 다만 한 잔의 술을 마신다네

挽金由庵 仁埴 二首

古人今世不能居　袒裼裸裎或涗余
爲訪伽倻深僻處　試嘗松葉半生餘

安貧曷易人皆憂　豈樂簞瓢道自修
生平心法於何證　太息靑山但一杯

68. 섬돌 가에 핀 꽃을 노래함

봄이 아니면 다시 꽃은 없다고 말하지 말라
나는 가을바람에도 꽃 피는 것을 보았노라
수많은 곳에서 다투어 피면 도리어 하찮을 터
드물게 핀 향그러운 꽃이 더욱 꽃답다는 걸 알겠네

詠砌花

莫言春外更無花 吾見秋風亦有花
萬千爭發多還賤 罕處芬芳益覺花

69. 기계에서 여러 벗들과 함께 짓다

훌륭한 가문 우러러본 지 이미 여러 해
사귀는 도는 물과 같아 다만 담담하다네[250]
해 질 무렵 시축을 잡고 누대에 올라
새 가을 저무는 바람 앞에서 술잔을 잡았노라
젊고 장성한 때가 어느덧 지나감을 슬퍼하고
세월이 쏜살같이 흐르는 것을 탄식한다네
서로 만나 간절히 나누는 이야기 그치지 말지니
이별 후엔 우리 꿈속에나 만날 수 있으리니

杞溪與諸友共賦

高門瞻仰已多年　交道水如但淡然
落日登樓携軸際　新秋把酒晚風前
堪憐少壯於焉過　歎息光陰迭次傳
相面莫停論議切　別離其奈夢徒懸

---

250) 사귀는… 담담하다네 : ≪장자≫에 "군자의 교제는 맑은 물과 같
이 담담하고, 소인의 교제는 단술과 같이 달콤하다(君子之交淡若水,
小人之交甘若醴)"라고 했다.

70. 기계에서 이별한 후 앞의 운에 따라 이훈수[251] 에게 주다

한 마리 좀처럼 보잘것없이 살아온 오십 년
스스로 돌이켜 보니 어찌 슬프지 않으리
시간은 흐르는 물과 같아 마침내 돌아오지 않고
배움은 산에 오르는 것 같아 다시 앞이 우뚝하네
어찌 우정이 다만 만난 후에야 가능할 것인가
마땅히 경계하는 글을 서로 전할 수 있다네
맥이 여린 신부가 지금 모름지기 약이 필요하니[252]
원컨대 좋은 처방으로 나의 근심을 풀어 주시게

---

251) 이훈수(李薰洙, ?~?) : 경상북도 영일군 기계면에서 한약방을 경영했다.

252) 맥이… 필요하니 : 신부는 후산의 며느리 월성 이씨(月城李氏)로, 당시 작자는 며느리의 자녀 생산을 위한 한약을 구했다. 이훈수로부터 이 약을 받은 작자는 손수 약을 달여 먹이면서 며느리를 정성껏 보살폈다. 월성 이씨는 24세(1959)에 결혼해서 26세(1961)에 첫째 아들 백락(百洛)을 낳았다.

杞溪別後 用前韻 贈李薰洙

一蠧生來五十年　撫躬安得不怊然
時同逝水終無返　學似上山復屹前
豈獨友情逢後可　亦當書戒續相傳
脈微新婦今須藥　願示良方解我懸

71. 봄날 우연히 읊음

열흘 가뭄 끝에 비로소 뇌성이 쳐서
오늘 아침에는 기쁘게도 비가 바야흐로 오는구나
한 줄기 시내에선 물결이 때에 따라 퍼져 나가고
수많은 나무에선 봄꽃들이 차례대로 피어나네
위대한 이치가 길이 어긋남은 이 세상에 없으니
한가로이 근심 일어나는 곳, 술보다 나은 것이 없다네
평생에 어찌하면 수신법(修身法)을 터득할 수 있을까
책 속의 성현들을 생각하고 또 생각한다네

春日偶吟

十日旱餘始發雷　今朝却喜雨方來
一川風浪隨時去　萬樹春花次第開
大理長違無奈世　閒愁起處莫如盃
生平安得修身術　卷上聖賢念念回

159

72. 봄 시름 깨우고자 지팡이 짚고 야외로 나오다

늦은 바람에 한가로이 걸으며 봄빛을 감상하노라면
풀은 푸르고 꽃은 밝은데 새는 스스로 나는구나
세상의 일은 숨어 사는 사람의 말을 따르지 않는데
숲 사이의 맑은 정취만 예나 지금이나 유장하구나

爲惺春惱 携筇野外

晩風開步賞春光　草綠花明鳥自翔
世事莫從幽客說　林間淸趣古今長

73. 스스로 경계함

평생의 근심은 많은 글을 읽지 않는 데 있는데
책을 잡으면 무슨 까닭에 잠이 홀연히 막아서는고
어둡고 어리석으면 보잘것없는 성품을 이루나니
극복해 나가지 못하면 몸단속하는 것이 성글어진다네
공경253)으로 다른 데 가지 않게 해서 갈라진 길 합하고
정성254)으로 반드시 맑게 해서 망령된 생각을 없앤다네
날로 회복하고 달로 더해 조그만 빈틈도 없게 한다면
아홉 길에서 이루어지는 공255)을 나도 성취할 수 있으리

---

253) 공경[敬] : 마음을 공경하는 것으로, 정이(程頤)는 주일무적(主一無適 : 하나에 집중해 마음이 다른 데로 가지 않게 하는 것)이라 풀이했다.
254) 정성[誠] : ≪중용≫의 핵심 용어로, 주자는 이것을 진실무망(眞實無妄 : 참되어 조금의 거짓도 없는 것)이라 풀이했다.
255) 아홉 길에서 이루어지는 공 : ≪서경≫ <여오편(旅獒篇)>에서 "아홉 길 산을 쌓는 데 공이 한 삼태기의 흙이 모자라 어그러진다(爲山九仞, 功虧一簣)"라고 했다.

自警

生平憂在廢多書　把卷緣何睡忽沮
認是昏愚殘質致　如非克去飭躬疎
敬能無適分歧合　誠必澹然妄念除
日復月加空隙續　功成九仞或於余

74. 꽃을 감상하며

꽃 피면 나 또한 웃음 짓고
꽃 지면 나 또한 슬퍼지네
피고 지는 것은 해마다 있지만
사람에겐 젊은 시절 다시 오지 않네

賞花
花開我亦笑　花落我亦悲
開落年年有　人無更少時

75. 우연히 읊음

늙어 가면서 탄식하지 않은 날이 없나니
혈기 왕성할 때는 오히려 안정되기를 바랐노라
강상(綱常)이 땅에 떨어짐은 일찍이 들었지만
부자의 천륜이 지금부터 사라지고 마는구나
시서에서 전현들은 공연히 힘을 허비하지 마소
예법이 모두 없어졌으니 곧 짐승의 시대인 것을
어찌하면 수신제가 치국의 일을 할 수 있을까
죄는 비록 사람이 짓지만 하늘을 놀라게 한다네

偶吟

老來無日不歎時　少壯猶望定頓時
綱常墮地曾聞說　父子元倫滅此時
詩書空費前賢力　禮法全亡乃獸時
何以爲身家國事　罪雖人作愕天時

76. 박영수[256] 선조의 효행에 대해 차운함

효도하고 인을 행하는 것이 천명인 줄 알아

그 도를 확충하면 넓고 넓어 끝이 없다네

어버이 병들었을 때 꿩이 집으로 날아드는 것을 보고

물화해서 물고기가 시내에서 뛰어나왔으니 무엇을 의심
하리[257]

본분은 마땅히 처음부터 끝까지 직분을 닦는 것

명성이 얼마나 사람에게 전해지는가를 누가 말하리

형제의 화락함으로 미루어 알 수 있나니

선비들이 올린 글에 관청이 감동하는 것은 자연스럽네

朴櫶秀先祖孝行次韻

爲孝行仁認是天　擴充其道浩無邊

---

256) 박영수(朴櫶秀, ?~?) : 경북 청도군(淸道郡) 이서면(伊西面) 칠
곡동(七谷洞)에 살았던 사람이다.

257) 어버이… 의심하리 : 지극한 효성에 감동해, 얼음 속에서 잉어가
뛰어나오고, 추운 날씨에 꿩이 날아들었다는 고사를 염두에 둔 것이다.
≪진서(晉書)≫ 권33, <왕상열전(王祥列傳)>.

親疴試看雉來屋　物化何疑魚躍川
本分當修終始職　聲名誰說少多傳
弟兄湛樂推知去　官感儒呈亦自然

77. 어짊으로 쌓은 복258) ─ 최준259) 만사

계림에서 살아온 내력 일백 년
고가의 풍범(風範)은 오히려 의연하다네
수레가 많이 찾아드는 경주의 주인이요
높은 기와집은 공자의 사당 옆에 있도다
사업은 본디 근원이 있어 노력한 지 이미 오래
복은 거저 얻은 것이 아니라 인을 먼저 쌓았기 때문
이제 돌아가시는 길, 세상을 탄식하지 마소
음덕이 두터워 응당 이어질 것을 알겠으니

---

258) 경술년(庚戌年, 1970)에 지은 것이니, 당시 작자의 나이는 66세였다.

259) 최준(崔浚, 1884~1970) : 본관은 경주, 호는 문파(汶坡), 경상북도 경주 출신이다. 경주 최 부잣집 12대 종손으로 마지막 최 부자로 알려져 있다. 전 재산을 독립운동과 교육 사업에 투자했고, 일제 강점기 때 백산상회 대표로 활동, 일제의 치열한 감시 속에서 임시 정부 등 독립운동 단체에 자금을 지원했다. 영남대학교의 전신인 대구대학의 설립자다.

挽崔參奉 浚

氣數鷄林一百年　古家風範尙依然
蹄輪輻輳東都主　巍桷崔巍聖廟邊
業本有源勞力久　福非徒得積仁先
如今歸路休歎世　蔭厚應知繼述連

168

78. 서로 믿으며 한 공부[260] – 이경환[261] 만사

평생토록 분수 밖에는 다시 마음 두지 않았고
삼감과 따뜻함을 예나 지금이나 같이 했네
서로 믿으면서 노년을 의지하며 공부하렸더니
기이한 병으로 돌아가시니 참으로 믿기 어렵네

挽李庚煥

生平分外更無心　謹拙溫溫古若今
相恃暮年依切磋　一終奇疾竟難諶

260) 경술년(庚戌年, 1970)에 지은 것이니, 당시 작자의 나이는 66세였
다.
261) 이경환(李庚煥, ?~1970) : 경북 칠곡군 왜관읍 삼청리 오곡(梧
谷)에 살았다.

79. 복과 선은 하늘의 뜻[262] – 이장여[263] 만사

본심이 흘러나와 몸에 펼쳐지니
향당에선 모두 효우(孝友)로 높이 받들었네
아흔으로 온전히 돌아가시니 좋은 여생
복과 선이 곧 하늘의 뜻임을 알 수 있네

挽李章汝

本心流出發諸身　鄕黨咸推孝友人
九耋全歸餘景好　可知福善乃天眞

262) 경술년(庚戌年, 1970)에 지은 것이니, 당시 작자의 나이는 66세였
다.
263) 이장여(李章汝, ?~1970) : 김천시 구성면 벽계(碧溪)에 살았다.

80. 새로운 인연 맺고자 했더니[264] — 장인섭[265] 만사

지난해 서쪽으로 가 덕문(德門)[266]을 심방했을 때
오직 그대의 모습이 참으로 우뚝했었지
옛 인연[267]을 미루어 새로운 인연을 맺고자 했으나
지금 유명으로 갈라지니 몰래 혼이 끊어지는 듯하네

---

264) 경술년(庚戌年, 1970)에 지은 것이니, 당시 작자의 나이는 66세였다.

265) 장인섭(張麟燮, 1895~1970) : 본관은 안동(安東), 자는 성진(聖振), 호는 일헌(一軒)이다. 경당(敬堂) 장흥효(張興孝, 1564~1633)의 후손으로, 안동시 서후면(西後面) 성곡동(城谷洞) 춘파(春坡)에서 살았다. 저서로는 ≪일헌유고(一軒遺稿)≫가 전한다.

266) 덕문(德門) : 경상남도 산청군 소재 덕산 입구에 있는 입덕문(入德門)을 말한다. 여기서는 덕천 서원을 의미하는바, 1961년에 작자는 이 서원의 추향(秋享)에 축관(祝官)으로 초빙되었다.

267) 옛 인연 : 경당 장흥효가 한강 정구의 문인이므로, 이를 '옛 인연'이라 표현했다.

挽張麟燮

昔歲西行訪德門 惟君表格正軒軒
因追舊誼盟新契 今隔幽明暗斷魂

81. 순수한 마음 적은 말수 2수 — 이규순[268) 만사

순수한 마음에 적은 말수

고향에 사신 여든 해 동안 헐뜯는 이 없었네

드러난 명성으로 사람들이 시기할까 근심되지만

영무자(甯武子)[269)처럼 어리석어 천명을 보존했다네

일이 두루 일어나 회연에서 회합하던 자리

해마다 자주 돌아보심은 정의가 가볍지 않아서였네

오늘 하늘을 달리하시니 어찌 이리 급하신고

---

268) 이규순(李奎淳, 1885~1968) : 본관은 성주, 자는 치구(致九), 호
는 양암(陽菴)으로 성주군 초전면 금단(今丹)에 살았다. 어릴 적부터
학문에 침잠해 향내 백일장에서 장원하는 등 재기가 뛰어났으며, 부친
의 병에 침식을 잊고 약방을 구하고 신명에 기도해 병이 완쾌되는 등
효성이 지극했다. ≪성주군지(星州郡誌)≫.

269) 영무자(甯武子) : 위(衛)의 대부(大夫)였던 영유(甯愈)로, 무(武)
는 시호다. ≪논어≫ <공야장>에서 공자가 "영무자는 나라에 도가
있을 때는 지혜롭고 나라에 도가 없을 때는 어리석었으니, 그 지혜는
따를 수 있으나 그 어리석음은 따를 수 없다(甯武子, 邦有道則知, 邦無
道則愚, 其知可及也, 其愚不可及也)"라고 했다.

173

다시 어진 아드님과 함께 앞길을 물어본다네

挽李奎淳 二首

純慤其中罕黙言　居鄕八耋毁無存
盛名多恐人猜至　審武愚如保命門

淵堂會席事叢生　眷顧頻年誼不輕
此日各天何太劇　更同賢胤問前程

82. 서씨의 경남재270) 시운에 차운함

여러 봉우리들이 에워싸고 있는 자고산271) 남쪽

묵은 풀과 외로운 무덤 바라보니 울창하구나

철마(鐵馬 : 기차)가 소리를 지르며 오가고

낙동강 천 리는 굽었다 폈다 하며 길이 흐르네

몸은 감추었으나 덕을 드러낸 비석의 글자272)

살아 있을 때 고을 사우들에게 명성 자자했다네

재사와 제전이 차례대로 두루 갖추어져 있고

선조를 추모하며 개장함은 후인의 영광이라네

---

270) 경남재(景南齋) : 경북 칠곡군 석적면 중지리 소재의 남계(南溪)
서율(徐慄, 1606~1687)의 묘재인데, 이 시는 대구시 산격동 체화당
(棣華堂) 종중(宗中)에 보낸 시다. 서율의 본관은 달성, 자는 여관(汝
寬), 호는 남계(南溪)로, 모당(慕堂) 손처눌(孫處訥)의 문인이다.

271) 자고산(鷓鴣山) : 경상북도 칠곡군 석적읍 중지리와 왜관읍 석전
리, 아곡리의 경계에 위치한 해발 고도 303.2미터의 산이다. 경남재는
이 산의 남쪽 기슭에 있다.

272) 몸은… 글자 : 경남재 입구에 서율의 비석이 세워져 있는데, 비의
앞면에는 '가신대부동지중추부사남계달성서공지묘비(嘉善大夫同知
中樞府事南溪達城徐公之墓碑)'라 되어 있다.

次徐氏景南齋韻

群峯環擁鷗鴣陽　宿草孤墳望鬱蒼
鐵馬一聲來去止　洛江千里屈伸長
藏形德著貞珉字　生世名聞士友鄉
齋舍祭田循序備　推先改葬後人光

83. 예호기[273]의 회혼을 축하함

나이 여든의 한 노인이
회혼하는 오늘 자손들과 함께했네
없는 이 섬김[274]은 반드시 균송(筠松)[275]을 따라 했고
수명 늘이는 것은 일찍이 편작과 통했네
의기(義氣)로 사람을 허여해 밖을 중시하지 않았고
진정한 사귐의 도리는 마음속에서 시작했다네
미루어 보니 누리는 복은 허투루 얻은 것이 아니니
내 말이 붓 아래서 헛되도록 하지는 마시길

---

273) 예호기(芮鎬基, ?~?) : 청도군 청도읍 고수동에 살았으며, 대산약
방(大山藥房)을 경영했다.

274) 없는 이 섬김 : ≪중용≫에 "죽은 이 섬기기를 산 사람 섬기듯 하
고, 없는 이 섬기기를 있는 사람처럼 하는 것이 효의 지극함이다(事死
如事生, 事亡如事存, 孝之至也)"라고 했다.

275) 균송(筠松) : 당나라의 풍수가 양익(楊益, 834~904)의 자다. 그
의 자는 균송 혹은 현적(玄赤)이며 세칭 양구빈(楊救貧)이라 했다. 사
람들이 '구빈'이라 한 것은 기이한 풍수법으로 가난한 사람들을 많이
구제했기 때문이다.

賀芮鎬基回昏

八十春秋一老翁　回昏今日子孫同
事亡必信筠松導　延壽曾從扁鵲通
義氣許人非自外　眞情交道盖由中
推來享福無虛得　莫指吾言筆下空

84. 편액에 새긴 굳센 글씨 2수[276] – 이기윤[277] 만사

글은 정밀한데 더욱 갈고닦았으며
붓은 굳세어 편액을 많이 썼다네
저자에 숨기를 산골보다 깊게 했으니
누가 능히 몸가짐을 이보다 낫게 할까

뜻을 같이한 지 몇 해던가
나에게 인을 많이 권면하셨지
이제 바삐 구천으로 멀리 떠났으니
감히 깊은 은혜를 바랄 수 있으랴

---

276) 신해년(辛亥年, 1971)에 지은 것으로, 당시 작자의 나이는 67세였다.

277) 이기윤(李基允, 1891~1971) : 일제 강점기의 항일 운동가이며 서예가다. 본관은 성산, 자는 집중(執中), 호는 극암(克菴)으로, 경북 성주군에 살았다. 장석영(張錫英)의 문하에서 수학했으며, 청천 서당(晴川書堂)·회연 서당(檜淵書堂) 등의 편액 글씨를 남겼고, 당호(堂號)·누정(樓亭)·헌각(軒閣) 등에 많은 글씨를 썼다.

挽李克庵 基允

文精切復磋　筆勁額題多
市隱深於峽　誰能操執過

同義昔何年　勉余仁百千
今縱九泉迥　敢望愛恤偏

85. 장인섭[278]의 유거에 차운함

산골짜기 주변에 고요한 집 하나 있으니
궁리하고 마음을 바로 하기에 적당하구나
경륜을 지금 세상에 펼칠 수는 없지만
도문학은 존덕성으로부터 온 것이라네
책을 잡고 한가로운 세월 속에서 실마리를 찾고
술병을 잡고 취해 우주 속에서 근심을 푼다네
기궁(箕弓)[279]의 세업(世業)은 어디에 있는고
머리 돌려 보니 봄 산이 바로 고향인 것을

次張麟燮幽居韻

巒谷周遭寂一軒　要當究理正心根

---

278) 장인섭(張麟燮, 1895~1970) : 본관은 안동(安東), 자는 성진(聖振), 호는 일헌(一軒), 경당(敬堂) 장흥효(張興孝, 1564~1633)의 후손이다.

279) 기궁(箕弓) : ≪예기≫ <학기(學記)>에 "좋은 활을 만드는 사람의 아들은 반드시 먼저 키 만드는 것을 배운다(良弓之子, 必學爲箕)"라고 했다. 학문을 대대로 전수하며 배우는 것을 의미한다.

經綸無可今時施　問學自來德性尊
把卷尋緒閒日月　引壺愁却醉乾坤
箕弓世業於何在　回首春山是故園

86. 불어난 물을 보며

뭇 산 여러 골짜기의 물이 긴 내로 달려 나가
모든 물줄기가 함께 흘러 큰 내를 이루었네
강수, 회수, 하수, 한수가 비록 많다고 하나
사해는 마침내 수많은 냇물을 더함이 없네

觀漲

群山衆壑赴長川　萬水同流一鉅川
江淮河漢雖過量　四海終無加百川

87. 강양 제일의 품행 – 윤우여[280] 만사

품행은 강양(江陽)[281]에서 제일
집의 규범은 진실로 공이 전한 것이라네
중풍이 이 세상에서 어찌 이리 많은가
끝내 우리는 그 슬픔을 견디기 어렵네

挽尹禹汝

操行江陽屈指先　乃家模範寔公傳
風疾何多今世遘　竟孤吾黨不堪憐

---

280) 윤우여(尹禹汝, ?~?) : 경상남도 합천군(陜川郡) 묘산면(妙山面)
화동(華洞)에 살았다.
281) 강양(江陽) : 지금의 경상남도 합천군을 말한다.

88. 곧은 글씨와 정결한 모습 - 곽동건[282] 만사

글씨는 붓처럼 곧고 모습은 옥같이 정결해
우리 사림들이 모두 존경했네
원기가 이미 상해 집안에 재앙이 미치던 날
구천에서도 응당 난리로 슬퍼했으리

挽郭孟郊 東健

筆似其文玉似儀　吾林一士衆同推
元氣已傷家禍日　九泉應向亂離悲

---

282) 곽동건(郭東健, ?~?) : 본관은 포산(苞山), 자는 맹교(孟郊)로 달
성군 유가면 기대(加泰)에 살았다. 도동 서원을 중심으로 활동했다.

89. 밭 갈며 책 읽으며283) ― 송주선284) 만사

밭을 가는 여가에도 오히려 책을 읽었고
부엌이 서늘해도 아내는 한탄하지 않았네
아버지의 원고가 아직 정리되지 않았는데
한번 눈감으니 누가 있어 하자를 씻어 줄까285)

挽宋子胤 冑善

耕暇書猶讀　廚寒妻不嗟
先稿生魚白　一瞑孰洗瑕

---

283) 신축년(辛丑年, 1961)에 지은 것이니, 당시 작자의 나이 57세였
다.
284) 송주선(宋冑善, 1859~1961) : 본관은 야성(冶城), 자는 자윤(子
胤), 호는 양산(陽山)으로 성주군 초전면 고산정에 살았다. 앙산(仰山)
송홍눌(宋鴻訥)의 아들이다.
285) 아버지의… 씻어 줄까 : 선대의 원고를 정리해 출판하지 못한 것
은 자식으로서 커다란 하자이기 때문이다. 작자는 <허 참봉에 대한 만
사(挽許參奉)>에서, "아버지의 글을 출간해 하자를 씻어 버렸네(父稿
印頒櫛洗瑕)"라 하기도 했다. 본문의 '생어(生魚)'는 정리되지 않은 글
을 의미한다.

90. 모명재[286]에 차운함

의리를 먼저 하지 않으면 일이 이루어지지 않나니

재실은 어이하여 모명(慕明)이란 이름을 귀하게 여겼을까

당년의 이별 눈물은 우리나라에 머물고자 했던 뜻이요

만 리 떠난 외로운 신하는 나라를 사랑하는 정성이었네[287]

형제봉(兄弟峰)[288]은 봉우리마다 모두 숨어 살 만하고

---

286) 모명재(慕明齋) : 대구시 수성구 만촌동에 있는 재사로, 임진왜란 때 우리나라에 원병을 왔던 명나라 장수 두사충(杜師忠)의 호인 '모명(慕明)'에서 유래했다. 이 재사는 1912년 경산 객사(慶山客舍)가 헐리자 그의 후손들이 그 재목을 옮겨 와 두사충의 묘소 앞에 지은 것으로, 건물이 너무 낡아 1966년에 중수했다.

287) 당년의… 정성이었네 : 이순신이 두사충에게 보낸 시 <봉정두복야(奉呈杜僕射)>를 연상한 것이다. "북으로 가서 고락을 같이하고, 동으로 와서 생사를 함께했네. 성 남쪽 타향의 밝은 달밤에, 오늘 한잔 술로 정을 나누세(北去同甘苦, 東來共死生. 城南他夜月, 今日一盃情)"라고 한 것이 그것이다. 현재 모명재의 주련으로 이 시가 걸려 있다.

288) 형제봉(兄弟峰) : 대구시 수성구 만촌동 2군 사령부 뒤쪽 산으로, 높고 낮은 두 개의 봉우리가 나란히 서 있기 때문에 이렇게 불린다.

강과 호수는 구비마다 서로 얽혀 있구나
참으로 가련한 것은, 오늘도 대대로 어느 집에서
북쪽으로 중원의 아득한 성시를 바라보는 것이라네

次慕明齋韻

義若不先事不成　齋何以貴慕明名
當年別淚留東志　萬里孤臣戀國誠
兄弟峰峰皆可遯　江湖曲曲自來縈
最憐今日誰家世　北望中原杳市城

91. 부모 두고 떠난 사람 2수 - 김태석[289] 만사

문경공[290] 집안의 효성 있고 자애로운 사람
어찌하여 한번 떠나 곧 어버이를 잊어버리는가
어린 자식이야 자라나면 장성할 날이 있겠지만
높은 연세에 봉양 잃어버렸으니 누구를 의지하리

평생 동안 곤궁함을 물리치지 못하고
동서로 떠돌며 오귀(五鬼)[291]와 함께했네
이제 인간 세상의 신을 벗어 버렸으니
누가 조화옹과 더불어 즐거워하는고

---

289) 김태석(金兌碩, ?~?) : 서흥 김씨로 성주군 수륜면 백운동에 살았다.

290) 문경공(文敬公) : 한훤당(寒暄堂) 김굉필(金宏弼, 1454~1504)을 말한다. 문경공은 김굉필의 시호다.

291) 오귀(五鬼) : 동·서·남·북·천상의 귀신이 집안에 붙게 되면 흉사를 부르고 불안한 분위기와 질병과 마(魔)를 부른다고 한다.

挽金兌碩 二首

文敬家中孝慈人　如何一去便忘親
稚子方長成有日　癯年失養孰依身

生平未送退之窮　東徙西分五鬼同
如今脫屣人間處　誰與爲歡造化翁

92. 동도[경주]에서의 가을 회포

쇠잔한 지팡이 짚고 고국(古國)의 가을을 지나노라니
흥망의 추억들이 사람으로 하여금 슬프게 하네
맑은 구름은 무너진 성에서 초동의 노래로 돌아오고
성긴 비는 황량한 무덤에서 낙엽처럼 흩날리는구나
신라 왕들이 만약 왕도 정치를 펼칠 줄 알았더라면
토함산에 무슨 까닭으로 사찰을 지었겠는가
익어 늘어진 벼와 기장292)을 어찌 차마 보리오
삼한을 통일한 공업, 모든 일이 아득할 뿐이로다

東都秋懷

衰杖謾過古國秋　興亡追憶使人愁

---

292) 벼와 기장 : 망국의 슬픔을 표현한 것이다. ≪사기(史記)≫에 "기
자(箕子)가 주(周)나라에 조회하러 가는 길에 은(殷)나라의 옛 도읍을
지나다가 궁실은 무너지고 화서(禾黍)만 우거져 있는 것을 보고는…
맥수의 시를 지어 노래했다(箕子朝周, 過故殷虛, 感宮室毀壞, 生禾
黍… 乃作麥秀之詩, 以歌詠之)"라고 했다. ≪사기≫ 권38, <미자세가
(微子世家)>.

淡雲頹郭樵歌返　疎雨荒陵落葉流
羅氏若知修王道　吐含何故築禪樓
離離禾黍那堪見　統業三韓萬事幽

93. 함께 글 읽던 그 겨울[293] - 정순화[294] 만사

사람의 이치는 진실로 추측하기 어려우니
공은 어찌 갑자기 세상을 떠나셨나
희령(稀齡)[295]에 다섯 수를 더했으니
비록 비참하다고는 할 수가 없으나
오직 나이 많으신 어머니께서 계시어
자식을 잃은 눈물 내를 이루는도다
신이 만약 지각이 있었다면
그가 감을 어찌 먼저 했으리오
예전에 사 형제가 온전하던 날
부모 또한 함께 계셨으나
지금 약한 아우 하나 남았으니
황망함을 어찌 차마 모두 말하리

---

293) 계축년(癸丑年, 1973)에 지은 것이니, 당시 작자의 나이는 69세였다.
294) 정순화(鄭醇和, 1899~1973) : 자는 준여(俊汝), 호는 한천(寒川)이다. 힌깅 정구의 후손이며 성주군 유촌에 살았다.
295) 희령(稀齡) : 70세를 말한다.

나와 공은 선조를 같이해[296]
어릴 때부터 정이 범상치 않았네
지산에서 함께 글을 읽던 겨울
삼 년여를 어렵게 공부했지
인연으로 서로 권면했고
잇달아 서신을 주고받았다네
세상의 도리는 예전 같지 않고
인심은 시기하는 것이 많구나
문중이 어지러워 잘못되어 가도
만회할 만한 힘이 없다네
서로 진퇴를 확실히 함께해
바깥의 업신여김을 막고자 했네
거침없이 신을 벗어 던지고 떠나시니
노쇠한 마음 슬픈 생각으로 괴롭다네

挽族祖 醇和

人理信難推　公何遽九泉

稀齡加五壽　雖不謂慘然
獨有大耋慈　哭子淚成川
神若有覺知　其行詎能前
昔全四棣日　父母亦俱存
今餘一弟弱　荒落忍盡言
吾與公同祖　自少情不凡
芝山共讀冬　三餘嘗辛鹹
因緣相勸勉　與答聯書緘
世道非疇昔　人心多忌猜
門綜錯亂倒　無力可挽回
相礭同進退　庶幾禦外侮
恝然脫屣去　衰腸悲思苦

94. 유거

높은 산, 흐르는 물, 하늘에 뜬 저 달이
나의 집을 비춰 온 지 그 몇 해던고
세상일 마음에 없어 책으로 벗을 삼아
옛사람의 정담을 책상머리에서 마주하네

幽居

高山流水一天月　來照吾家幾歲年
世態無心書與伴　古人情話對床邊

95. 후산당

소슬한 맑은 경치는 문 앞에서 끝이 없고
동산의 송죽(松竹)은 마음대로 푸르다네
손을 맞고 보내기도 하지만 사람 없어 조용하니
시험 삼아 한잔 술 마시거나 혹 시를 지어 보네

厚山堂

蕭灑風光不盡楣　園中松竹碧參差
有賓迎送無人靜　試飮一盞或綴詩

96. 젊은 날은 얼마던가

모르는 사이 귀밑머리에 서리 내리고 칠십을 더하니
세 때의 음식을 어금니로 씹는 것도 힘이 드는구나
어릴 때 기대하고, 부모가 되어 바라는 것 있었지만
돌아가 알리려니 그 무안함에 나 홀로 탄식한다네

少壯幾時

不覺霜鬢七十加　三時飮食苦磋牙
痴兒期待爺孃願　歸報無顔我獨嗟

97. 분수 밖의 한가로움

고금의 치란은 모두 하늘에 달려 있으니
내가 숲속에 사는 것은 세상 때문이 아니라네
성현의 평소 이력도 이렇게 해 나갔으니
어찌 날마다 부지런히 배우지 않으리[297]

分外無事

古今治亂摠由天　非我林居世使然
聖賢素履從此去　焉能不學日乾乾

---

297) 부지런히 배우지 않으리 : 일건건(日乾乾). ≪주역≫ <건괘(乾
卦)>에, "군사는 종일토록 부지런히 힘쓴다(君子終日乾乾)"라고 했
다.

98. 수륜동을 지나며 대나무와 잣나무가 푸르른 것을 보고 판윤 박 공[298]의 굳은 절개[299]를 생각하며

고려조의 은혜가 뼛속에 사무쳐서
나라가 망하자 충절 지킨 이 많았네
두문동은 비록 이미 알려져 있지만
다시금 손가락을 꼽을 수 있다네
금오산은 이미 깊으면서도 궁벽하고[300]
가야산은 또 얼마나 높이 솟았던고

---

298) 판윤 박 공 : 개성판윤을 지낸 박가권(朴可權, ?~1426)이다. 박가권의 본관은 순천(順天)으로, 고려가 망하자 가야산에 이르러 죽백(竹栢)이 많은 곳에서 여생을 마치기로 하고 당호를 '죽백리(竹栢里)'라 했다. 현재, 성주군 수륜면 수륜리 872-1번지에 '죽백리박선생청풍비(竹栢里朴先生淸風碑)'가 세워져 있고, 가야산 속에는 후손들이 그가 숨어든 곳이라며 바위에 '불이문(不二門)'이라 새겼다.

299) 굳은 절개 : '강복(罔僕)'은 자신의 지조를 지켜 남의 신하가 되지 않는 것을 의미하고, '고절(苦節)'은 어떤 어려움에도 굽히지 않는 굳은 절개를 말한다.

300) 금오산은… 궁벽하고 : 고려가 망하자 금오산에 숨어 산 길재(吉再, 1353~1419)를 말한다. 그의 본관은 해평(海平), 자는 재보(再父), 호는 야은(冶隱) 혹은 금오산인(金烏山人)이다.

당시의 길씨(吉氏, 길재)와 박씨(朴氏, 박가권)는

이름이 전해서 몇백 세토록 내려왔네

전해서 알게 하는 것이 어찌 그 뜻뿐이리오

짐짓 이름을 묻어 없애려 했다네

박 공에겐 커다란 바위가 있었으니

입을 다문 그 뜻이 돌과 같았네

깊고 깊은 만 겹의 산속에

외로운 자취로 즐기는 바 무엇이었을까

국화에 이슬 내리는 아침 서사(書史)를 보고

고사리를 캐서 때때로 먹었으리

서산(西山)301)은 여기서 몇 리나 되던고

멀고 멀어 미칠 수가 없다네

동해의 불속에라도 빠지고자 해서302)

---

301) 서산(西山) : 백이숙제(伯夷叔齊)가 숨어 산 수양산을 가리킨다.
이 때문에 이들을 서산이자(西山二子)라 부르기도 한다. <채미가(采
薇歌)>에서 "저 서산에 오름이여! 고사리를 캐는구나. 포악함으로 포
악함을 바꿈이여! 그 죄를 모르는구나(登彼西山兮! 采其薇矣. 以暴易
暴兮! 不知其罪矣)"라고 했다.
302) 동해의… 해서 : 전국 시대 제(齊)나라의 노중련(魯仲連)과 관련
한 고사다. 노중련이 조(趙)나라에 가 있을 때 진(秦)나라 군대가 조나
라의 서울인 한단(邯鄲)을 포위했는데, 이때 위(魏)나라가 장군 신원

아득히 눈을 들어 바라보았으리

골짜기를 수륜이라 이름 짓고

대나무를 심고 또 잣나무를 심었네

개성판윤303)으로 있던 때를 추념하면서

차마 새 조정의 임금에 대해 말하랴

차라리 옛 나라를 회복할 수 없을지언정

생사는 다만 옛 직분에 있었네

내가 남쪽으로 행하던 날

북풍에 흰 눈이 날렸지

저 푸른 대나무와 잣나무를 보며

공의 기백을 생각하노라

오백 년이나 지난 지금도

사람에게 늠연히 머리털을 세우게 하네

연(新垣衍)을 보내 진나라 임금을 천자로 섬기면 포위를 풀 것이라고
했다. 이에 노중련이 "진나라가 방자하게 천자를 참칭(僭稱)한다면 나
는 동해에 뛰어들어 죽겠다"라고 하니, 진나라 장군이 이 말을 듣고 군
사를 후퇴시켰다고 한다. ≪사기≫ 권83, <노중련열전(魯仲連列
傳)>.
303) 개성판윤 : 개성수(開城綬). 박가권이 고려조에 개성판윤을 지냈
던 것을 말한다.

過修倫洞 見竹柏靑蒼 思判尹朴公 岡僕苦節

麗代恩浹骨　國亡多忠節
杜門縱已知　復復指可屈
金烏旣深僻　伽倻何特屹
當時吉朴氏　名傳流世百
傳知豈其志　故欲名湮沒
朴公有鉅巖　閉口志同石
深深萬疊山　孤踵何所樂
菊露朝書史　薇蕨時採食
西山此幾里　遠遠不可及
欲蹈東海水　杳茫目可擊
洞以修倫名　植竹又種栢
追念開城綏　忍說新朝辟
寧無復舊國　生死只舊職
我作南行日　北風飛白雪
瞻彼竹栢靑　仍思公氣魄
至今五百載　使人凜竪髮

99. 망년의 정으로 사귄 친구 2수 – 장문여[304] 만사

내 노강의 생각을 아노니
참되고 참되어 사사로운 꾸밈이 없다네
문중이 화목하던 날은
향당이 믿고 서로 교유하던 때였네

얼마 전까지 망년의 정으로 사귀다가
어찌 오늘 생사를 달리하고 마는가
죽어 편안한 것이 오히려 깨끗하나니
땅 위엔 잘못된 일들로 가득한 것을

挽張老岡 文汝 二首

我識老岡思　眞眞不飾私
闔宗和睦日　鄕黨信交時

疇昔忘年情　奈今隔死生

---

304) 장문여(張文汝, ?~?) : 본관은 인동, 자는 문여(文汝), 호는 노강
(老岡)으로 성주군 가곡(家谷)에 살았다.

沒寧猶有潔　大地詖行盈

100. 침몰하는 영남의 운수 3수[305] — 이원각[306] 만사

도산의 학술을 고금으로 추숭하니
세상과 백성을 돕는 것이 갈수록 더하네
천지의 강상(綱常)을 강명할 곳 없는데
무슨 말로 돌아가 영령을 위로하시려나

진실한 말씀과 간중(簡重)한 행동
시비를 한번 결단하면 여러 사람들이 따랐네
효우로 집안을 다스려 화기(和氣)가 지극하니
팔순의 처음과 끝이 후대의 교훈으로 남았네

부자(夫子)[307]의 사손께서 갑자기 돌아가시니

---

305) 을묘년(乙卯年, 1975)에 지은 것이니, 당시 작자의 나이는 71세였
다.
306) 이원각(李源慤, 1892~1975) : 본관은 진성, 자는 성부(誠夫)로,
퇴계 이황의 14대 종손이다.
307) 부자(夫子) : 퇴계 이황을 말한다. 이원각이 퇴계의 종손이기 때

영남의 운수가 또 침몰하고 미미해졌도다
거듭되는 세의를 미루어 생각하니
곡하는 눈물 줄줄 흘러 저녁노을을 씻는구나

挽李源懸 三首

陶山學術古今推　保世長民久益彌
天地綱常無處講　何言歸報慰靈之

眞實其言簡重儀　是非一斷衆追隨
孝友爲家和氣至　八旬終始後謨眙

夫子祀孫遞爾歸　嶺中氣數又沈微
重重世誼追思地　哭淚潸然灑暮暉

문에 '사손'이라 했다.

101. 둘이 나눈 정성 어린 편지[308] — 신억[309] 추만

보지 않고 서로 사귄 지 이미 십 년

우리 둘의 정성 어린 편지가 한마음 같았지

나보다 먼저 전한 그날의 정의를 생각하노니

오늘 아침 갑자기 세상을 달리하니 슬프기가 그지없네

追挽申晦宇 檍

不面相交已十年 兩人情翰一心然

追思那日先余誼 怊悵今朝遽各天

---

308) 병진년(丙辰年, 1976, 72세) 이후에 지은 것이다.

309) 신억(申檍, 1902~1976) : 본관은 영산(靈山), 자는 자회(子晦), 호는 영좌(穎左) 혹은 회우(晦宇)다. 영천시 고경면 가수동에 살았으며, 저서로는 ≪영좌집≫ 6권 1책이 있다.

102. 응천 제일의 문장 2수 - 허섭[310] 만사

남주의 문행(文行)으로 공의 집을 꼽으니
할아비의 사업을 아비가 잇고 손자 또한 아름답구나
예로부터 현달(顯達)은 모두 수가 따르는데
그대 예순여덟의 나이로 세상을 떠나니 이를 슬퍼하노라

무난하게 서로 사귄 것은 약관 때부터
세상이 어지러워지면서 오고 감이 시들했네
응천(凝川)[311]의 문장 제일을 즐거이 들었더니
어찌하여 소식이 여기에서 끊기고 마는가

挽許天凝 涉 二首

南州文行數公家　祖業父傳孫又佳
古來賢達皆從壽　六十八年爲子嗟

---

310) 허섭(許涉, ?~?) : 본관은 양천(陽川), 호가 천응(天凝) 혹은 호석(護石)이다. 경상남도 밀양군 단장면에 살았으며 허채(許採)의 손자다.

311) 응천(凝川) : 경상남도 밀양시의 옛 이름이다.

無難交契弱冠時　自世紛紜徵逐衰
喜聞凝川文獨手　奈何聲息斷於斯

103. 기국헌[312)에 차운함

기궁(箕弓)[313)도 소중한데 하물며 집을 지었으니
국화 시를 읊조리노라니 시구(詩句) 또한 향기롭네
마음으로 감동하는 것은 선조의 훈계만 한 것이 없는데
자손의 사업이 고금에 영원하길 기원드리네

次杞菊軒韻

箕弓猶惜況成堂　吟到菊詩句亦香
感發無如先祖訓　願言孫業古今長

---

312) 기국헌(杞菊軒) : 합천군 청덕면(靑德面) 소례리(所禮里)에 있었
던 정자다.
313) 기궁(箕弓) : 선조의 업을 이어받는 것을 말한다.

104. 요강

얕고 깊은 두 요강을 방의 구석에 두고
작은 것을 열 번 비워 큰 것에 합친다네
가득 차면 물러나 비우고 비워야 다시 받아들이나니
늙은이가 비록 자주 잡더라도 마땅하지 않음이 없네

溺江

淺深器量設房陲　十用小除大合支
滿者退傾虛更受　老携雖數不無宜

105. 문방사우

마음으로 기록할 때 항상 서로 따르나니
글의 교졸(巧拙)은 그대가 아니라 나 때문이라네
문장과 도덕은 비록 길이 다르지만
합해서 모두 능하니 비로소 기이함을 알겠네

文房四友

由心有錄每相隨 巧拙非君我自爲
文章道德雖分路 合聽皆能始覺奇

106. 마을에는 모두 전기를 쓰지만 나는 홀로 기름 등불이라네

아들을 경계해 전기의 밝음을 탐하지 말게 하네
사치하는 마음이 한번 발하면 본심이 기울어지는 법
늙은 나도 기름으로 오히려 책을 비춰 볼 수 있는데
네 나이 오히려 젊고 눈에 정기 있음에랴

村盡買電 吾獨油燈

戒子莫貪電氣明　侈情一發本心傾
老我以油猶鏡讀　爾年尚壯眼今精

.

107. 봄날 시냇가에서 읊조림

얼음 녹아 못은 맑은데 물고기는 뛰었다 잠기고
텅 빈 바위에 꽃 피고, 새는 숲속에서 울음 우네
시내 따라 걷는 걸음마다 돋아난 푸른 풀을 보노라니
이미 산천 풍경에 봄기운이 깊다는 것을 알겠네

春日川上吟

氷解潭淸魚躍沈　巖空花發鳥啼林
緣磎步步看靑草　已覺光風春氣深

108. 여자정314)이 은후315)의 시를 차운해 나에게 줘서 내가 그 운을 사용해 화답하다

소년 시절 일찍이 얼마이던고
서로의 약속마저 문득 잊어버렸네
자리에 누워 신음할 즈음
백발이 머리에 가득한 때로다
어찌 하늘로부터 받은 것이 없겠는가
내가 지닌 마음을 불러일으켜야 하리
남은 삶의 계획을 헤아려 보나니
그대와 생각이 어찌 이렇게도 같은가

---

314) 여자정(呂子精) : 자정(子精)은 여기동(呂箕東, 1911~2000)의 자다. 그의 본관은 성산, 호는 자계(紫溪)다. 뇌헌(磊軒) 정종호(鄭宗鎬)의 문인으로, 경북 성주군 초전면 수촌에 살았다. 작자의 행장을 지었다.

315) 은후(隱侯) : 중국 남조 시대 양(梁)나라의 문장가인 심약(沈約)을 가리키는바, 건창후(建昌侯)에 봉해졌고 시호가 은(隱)이었으므로 심은후라 불렀다. 사조(謝朓), 왕융(王融)과 함께 사성(四聲)의 성조(聲調)를 엄격하게 규정하는 시풍(詩風)인 영명체(永明體)를 제창해 후대 시 형식의 기초를 만들었다.

呂子精 投次隱侯詩 贈余 余用其韻 和之

少年曾幾日　相約頓忘期
臥席呻吟際　滿頭白髮時
豈無天受者　喚起自吾持
度此餘生計　何如子共思

문(文)

1. 사종형 성재 공 묘도비명(四從兄省齋公墓道碑銘)316)

선비가 곤궁을 견디면서 학문에 힘쓰는 까닭은 장차 마음을 깊이 탐구하고 행실을 통제해 그 도(道)를 닦기 위해서다. 이 도는 세상에 나아간다고 해서 반드시 행해지는 것도 아니고, 또한 초야에서 외롭게 절개를 지킨다고 해서 반드시 행해지지 않는 것도 아니다. 도(道)에는 도(道)로써 죽는 도리도 있고 몸으로써 죽는 도리도 있는데, 몸으로써 죽는 도리가 도(道)로써 죽는 도리보다 더욱 어렵지 않겠는가?

내가 어릴 때에 사종(四從, 10촌)형 성재(省齋, 정재기) 공의 문하에서 ≪한사(漢史, 한서)≫를 읽었는데, 소 태부(蕭太傅)317) 망지(望之)가 '늙어서 감옥에 들어가 구차하게

316) 이 글은 성주문화원·경북대학교영남문화연구원, ≪성주금석문대관≫(성주문화원, 2018)에 실린 것을 수정·보완한 것이다. 비석에는 <성재선생서원정공묘도비(省齋先生西原鄭公墓道碑)>로 되어 있다.

317) 소 태부(蕭太傅) : 한(漢)나라 선제(宣帝) 때 태자태부(太子太傅)를 지낸 소광(蕭廣)이다. 망지(望之)는 그의 자다. 그는 선제가 위독했

살아남기를 구하는 것은 또한 비루하지 않은가'라고 한 대목에 이르러서 공이 거듭 강개해서 탄식해 마지않는 것을 보았다.

얼마 후 상황(上皇, 고종 황제)의 기미년(己未年, 1919) 인산(因山, 장례식) 때에 온 나라가 술렁거리며 떠들썩했다. 공은 일찍이 영남과 호남의 많은 선비들 100여 명과 함께 파리 대회(巴里大會)에 편지를 보내어 곧바로 나라의 독립을 청원했다. 이에 이르러 일이 발각되어 경찰서에서 출두(出頭)하라는 통보가 있자 공이 말하기를, "내가 만약 소환에 응하면 전후로 죄(罪)를 추궁해 그만두지 않을 것이다. 짐승들의 감옥에서 자진(自盡)하느니보다는 내 몸을 온전히 해서 죽는 것이 더 낫지 않겠는가?"라고 했는데, 다음 날 아침에 어지럽고 피곤한 증세가 있더니 조금 있다가 편안히 서거하셨다.

조카 뇌헌(磊軒, 정종호)318) 공이 공(公)의 유사(遺事)에

을 때 유조(遺詔)를 받아 정사를 총괄했고, 원제(元帝)가 즉위한 뒤에도 국사를 광정(匡正)한 것이 많았으나, 뒤에 환관인 홍공(弘恭)·석현(石顯) 등의 모함으로 인해 자결했다. ≪한서(漢書)≫ 권78.

318) 뇌헌(磊軒) : 정종호(鄭宗鎬, 1875~1954). 본관은 청주(淸州), 자는 한조(漢朝), 호는 뇌헌(磊軒), 아버지는 정재설(鄭在卨), 어머니는

찬술(撰述)해 이르기를, "경술년(庚戌年, 1910)에 나라가 망했다는 소식을 듣고 말하기를, '초야(草野)와 묘당(廟堂)은 완급(緩急)은 비록 서로 다르지만 그 의리는 하나다'라고 했고, 또 말하기를, '바야흐로 학문을 바르게 닦았는데도 치욕을 만나면 마침내 소망지(蕭望之)의 죽음을 이룰 것이다'라고 했다. 일찍이, '그 신체를 훼손하지 않고 죽는 것이 온전히 돌아가는 것인가, 그 몸을 욕되게 하지 않고 죽는 것이 온전히 돌아가는 것인가를 논했는데, 두 가지를 함께 할 수 없다면 누가 그 몸을 욕되게 하지 않는 것이라고 하지 않겠는가?'라 했다"라고 했다. 그러니, 내가 공의 탄식을 보았던 것과, 뇌헌(磊軒) 공이 공(公)의 사실(實事)을 기록한 것과, 공이 조용히 자처한 것이, 진실로 평소에 이미 강론해 결정했던 것이니, 마디마디 서로 부합한다고 할 수 있겠다.

당일에 본가에서 숨기고 꺼렸던 것은 무슨 뜻인가? 오랑캐들의 형벌이 매우 가혹해 그 앙화(殃禍)가 시신에까지 미칠까 두려워했기 때문이다. 아! 소망지(蕭望之)의 일은 소

재령 이씨(載寧李氏)다. 중부(仲父) 정재기(鄭在夔)는 파리 장서 사건(巴里長書事件) 당사자의 한 사람으로서 자결했다. 그는 당시 장서를 장석영(張錫英)으로부터 대구의 윤상태(尹相泰)에게 전하는 일을 담당했다. 이 일로 인해 정종호도 체포되어 옥고를 치렀다.

인들에게 속임을 당한 것이어서 오히려 죽을 만한 의리가 있었지만, 선생이 독립을 청원한 일은 나라를 위한 것이었다. 지금 소미(小微) 강씨(江氏)319)가 다시 나와서 대한(大韓)의 역사를 편찬한다면 어찌 선생의 대의를 망지(望之)보다 무겁게 하지 않았겠는가!

지금 대한의 국호를 이미 회복했는데, 누가 공의 파리 장서의 근원에서 비롯한 힘이 없다고 하겠는가? 비록 그러하나 이 어찌 근본한 바가 없이도 그렇게 되었겠는가? 공은 다섯 살 때부터 숫자와 방향의 이름과 사해(四海) 신(神)의 이름을 능히 외웠는데, 보는 사람들이 모두 그 총명함을 기특하게 여기고 사랑했다. 일곱 살에 부친인 일우(一宇, 정세용)320) 공에게 ≪십구사략(十九史略)≫을 배웠는데, 반드시 10여 줄로 제한을 하니 공이 항상 그 재주에 충족되지 못

319) 소미 강씨(小微江氏) : 송(宋)나라의 학자인 소미 선생(小微先生) 강지(江贄)를 가리킨다. 그는 사마광(司馬光)의 편년체 역사서인 ≪자치통감(資治通鑑)≫ 294권을 ≪통감절요(通鑑節要)≫ 50권으로 요약했다.

320) 일우(一宇) : 정세용(鄭世容, 1834~1879). 본관은 청주, 자는 관언(寬彦), 호는 일우(一宇)다. 벼슬에 나아가지 않고 성리학에 침잠했다.

함을 고민했다. 외삼촌인 장농산(張農山, 장승택)321) 공에게서 ≪중용(中庸)≫과 ≪대학(大學)≫을 배웠는데 난해한 곳을 질문할 때 논변하는 것이 매우 적절했다. 시문(時文, 과거 문장)을 짓는 법은 족조(族祖)인 고헌(顧軒, 정내석)322) 공에게 배웠는데, 공이 시고(詩稿)를 쓰면 등 뒤에서 말하기를, "여기에는 관각(館閣)의 수법이 있다"라고 했으니, 이것은 공이 어릴 때부터 조예(造詣)를 갖추고 있었다는 것이다.

기묘년(己卯年, 1879)에 아버지의 상을 만났는데, 산을 가진 집안 어른에게 금지당하는 지경에 이르렀다. 이에 공이 큰형님을 모시고 아침에 찾아가서 저녁에 돌아오면서 사흘 동안이나 애걸하니 족친이 이르기를, "얼굴에 깊이 그늘

———

321) 장농산(張農山) : 장승택(張升澤, 1838~1916). 본관은 인동(仁同), 자는 희백(羲伯)으로 호가 농산(農山)이다. 아버지는 주부(主簿)를 지낸 장유량(張有良)이며, 사미헌(四未軒) 장복추(張福樞)의 문하에서 수학했다.

322) 고헌(顧軒) : 정내석(鄭來錫, 1808~1893). 본관은 청주(淸州), 자는 치인(致仁)으로 호가 고헌(顧軒)이다. 가문의 학문을 계승해 어려서부터 학문에 매진했으며, 배운 것을 실천하도록 스스로 힘쓰고 노력했다. 한강의 ≪심경발휘(心經發揮)≫를 깊이 연구했으며 경학에도 많은 관심을 기울였다.

이 져 있고 나뭇가지처럼 말라서 기운 빠진 모습이 족히 사람을 감동시킨다"라고 하면서 드디어 허락했다.

계미년(癸未年, 1883)에 어머니 장씨(張氏)의 초상을 만나 초종(初終) 장례를 마치지도 않았는데 또 돌림병에 걸려서 정신이 혼미해 헛소리를 하는 가운데서도 간혹 성이 나서 소리 지르기를, "어머니가 돌아가셨는데도 몸이 쇠약하지 않으니, 어찌 이런 이치가 있는가?"라고 했고, 병 기운이 물러가자 조금 정신을 차리고 말하기를, "초종(初終) 장례를 마치지 못한 아이가 고깃국을 먹고 살기를 구했으니 그 죄가 만 번 죽어 마땅하다"라고 하면서 다시는 고기가 든 음식을 가까이하지 않았다. 대저 공이 행한 효도는 지극한 정성과 애통함에서 나온 것으로, 억지로 애써서 행하는 사람이 비슷하게 할 수 있는 것이 아니다.

복(服)을 마치고 산사(山寺)의 한적한 곳에서 학업을 한 것이 또한 몇 년이나 되었다. 공은 ≪상서(商書), 서경)≫에 마음을 두고 공부한 것이 대개 오래되었는데, 글을 지음에 우하(虞夏)의 경전323)에서 힘을 얻은 것이 많았기 때문에

---

323) 우하(虞夏)의 경전 : <우서(虞書)>와 <하서(夏書)>이니, 곧 ≪서경(書經)≫을 말한다.

세상에서 화려한 문장을 숭상하는 자들이 간혹 외워서 전하기도 했다.

이에 잠명(箴銘)을 지어서 좌우에 걸어 두었는데, <독서잠(讀書箴)>에 이르기를,

경계할지어다
게으르지 말고 방심하지 말라
게으르면 뜻이 혼미해지고
방심하면 정이 방탕해진다
재주가 둔한 것을 한탄하지 말고
뜻이 돈독하지 못한 것을 근심하라
옛날에 자여(子輿)324)는
마침내 노둔함으로써 터득했네

戒之哉　　勿怠勿放
怠則志昏　放則情蕩

---

324) 자여(子輿) : 공자의 제자인 증삼(曾參, BC 505~BC 436)의 자다. 노나라 무성(武城) 사람이다. 공자의 제자 가운데에서 나이가 가장 어리고 노둔했으나 학문의 뜻이 성실했기 때문에 공자의 도통(道統)을 이어받았다. 특히 '효(孝)'의 실천으로 유명하며, ≪효경(孝經)≫은 그와 공자의 대화로 구성되어 있다.

莫歎才魯　患志不篤
昔者子輿　竟以魯得

라고 했고, <수제치평찬(修齊治平贊)>에 이르기를,

옛날의 현철한 선왕들은
수신으로 근본을 삼았다네
간략함을 잡아서 널리 베풀었고
가까운 데로부터 먼 데까지 미쳐 갔네
가정과 국가가 비록 많지만
마음 둘 것은 이것뿐이며
천하가 비록 크지만
도달하는 것은 둘이 아니라네

古昔哲王　修身爲本
操約施博　自邇而遠
家國雖衆　措之則是
天下雖大　達之無二

라고 했다.
공은 독서하다가 몸이 피곤해지면 이것을 한 번 크게 외우고 스스로를 경계했다. 드디어 그 문미(門楣)에 써서 붙이기를 '괄구습(刮舊習, 묵은 습관을 벗겨 내다)'이라 했고, 또 '청순계(聽舜鷄, 순임금의 닭소리를 듣다)'라고 했다. 공부하는 이들을 깨우쳐 말하기를, "사람이 큰일을 하지 못하는 것은 항상 예전의 것을 그대로 답습해 묵은 습관을 제거하지 못하기 때문이다. 마땅히 혁신해 괴로움을 견디며 단연코 결행해야 한다"라고 했다. '괄구습(刮舊習)'은 설문청공(薛文淸公)의 신주(辰州)의 탄식325)에서 취한 것이고, '청순계(聽舜鷄)'는 ≪맹자(孟子)≫에서 이른바 '자자위선(孜孜爲善)'326)에서 취한 것이다.

---

325) 설문청공(薛文淸公)의 신주(辰州)의 탄식 : 설선(薛瑄)은 중국 명(明)나라의 학자이며 정치인으로 자는 덕온(德溫), 호는 경헌(敬軒), 시호(諡號)는 문청(文淸)이다. 그가 신주 분사(辰州分司, 어사대의 분국)에 있을 때에 자신의 덕이 크게 진취하지 못하는 것은 옛 버릇에 얽매여서 벗어나지 못하기 때문이라고 생각하고 구습을 제거하는 데 온 힘을 기울였다.

326) 자자위선(孜孜爲善) : ≪맹자≫ <진심 상>에, "닭이 울면 일어나 부지런히 선을 행하는 사람은 순임금과 같은 부류의 사람이고, 닭이 울면 일어나 부지런히 이익을 추구하는 사람은 도척과 같은 부류의 사람이다. 순임금과 도척의 차이는 다른 것이 아니라, 이익을 추구하는가 선을 추구하는가의 차이다(雞鳴而起, 孶孶爲善者, 舜之徒也, 雞鳴而起, 孶孶爲利者, 蹠之徒也. 欲知舜與蹠之分, 無他, 利與善之間也)"

또 일찍이 인심(人心)과 도심(道心)을 논했는데, 사람은 형체가 있으므로 인심(人心)이 없을 수 없고, 또한 오히려 이 본성(本性)이 있으므로 도심(道心)이 없을 수 없으니, 도심으로 능히 인심을 다스리면 인심이 바로 도심이라고 여겼으니, 마침내 주자(朱子)와 합일(合一)하는 의론에 귀결했다.

만년에는 손에 ≪심경발휘(心經發揮)≫ 한 권을 잡고 놓지 않으면서 말하기를, "성현이 수많은 변화에 대응하고 평탄(平坦)과 험난(險難)을 하나로 여기는 것은 오직 의리로써 볼 뿐이기 때문이다. 모름지기 이 글에서 긴요한 곳을 보고 이 글에서 함양한다면, 곧 성현들이 마음을 설명한 지결(旨訣)을 곧장 몸소 받드는 것이니, 어찌 우리 가학(家學)의 연원이 아니겠는가?"라고 했다.

나라가 망한 후 세상에 뜻을 두지 않고 문을 닫은 지 십년에 미망인(未亡人, 나라가 망할 때 죽지 못한 사람)으로서 스스로 맹세했다. 마침내 기미년(1919) 삼월(三月) 초구일(初九日)에 스스로 목숨을 끊었다. 공(公)의 이름은 재기(在夔)이고 자(字)는 성로(成老)다. 평생 동안 안으로 마음이

라고 했다.

안정되어 있었으므로 일과 행동에 드러난 것이 구차한 형세가 없었고, 밖으로 행실이 방정했으므로 사물을 접하고 변화에 대처함에 선과 악[淑慝]이 저절로 드러났다. 선을 좋아하는 것이 정성스러웠기 때문에 어진 사람이 믿었고, 악을 미워하는 것이 너무 심한 데까지 이르지 않았으므로 불초(不肖)한 자가 감동해 다가왔다. 조상을 위하는 정성은 어려움과 괴로움을 꺼리지 않고 힘써 행했고, 분수를 편안히 여기는 도리로 영달(榮達)을 구하지 않고 스스로를 다스렸다. 그래서 세상에 살아 계시던 날에 안팎의 친한 이들이나 소원한 이들이나 모두가 개결(介潔)한 군자로 흠복(欽服)했다.

그러므로 유사(遺事)에서 기록한 대로, "세상에 선비로 이름이 있는 이로서 그 재주와 그 덕행의 성대함이 부군(府君)보다 나은 자가 혹시 있다 하더라도, 의리가 삼엄할 즈음에 의심스러운 거짓과 바름을 분변하는 것은 부군(府君) 이외에 내가 본 것이 많지 않으며, 학문에 독실하고 괴로이 공부한 실상과 몸을 삼가고 행실을 통제하는 근실함이 부군보다 나은 자가 혹시 있다 하더라도, 곤궁함을 견디며 이익을 도모하지 않고 환란을 당해서도 염치를 숭상하는 데 이르러서는 부군(府君) 이외에 내가 많이 보지 못했다"라고 한 것은 아첨이 아니라 실로 진실한 말에 가까운 것이다.

공은 정사년(丁巳年, 1857)에 태어나서 기미년(己未年, 1919)에 돌아가셨으니 향년이 63세였다. 관아 남쪽 대기동(大基洞)의 선영(先塋) 곁 경좌(庚坐) 언덕에 장사 지내니, 만장(挽章)과 뇌문(誄文)을 잡고 곡하는 이가 여러 고을에서 왔다. 유고(遺稿)가 있어서 집안에 간직되어 있다.

부인은 안동 권씨(安東權氏)이니 충강공(忠康公) 도(濤)의 후손이며 문과에 급제한 용국(龍國)의 따님이다. 아들이 셋이니 장남은 광호(光鎬)이며, 그다음은 건호(健鎬)와 경호(經鎬)로 모두 출계했다. 딸은 성산(星山) 이기승(李基承)에게 시집갔다. 광호의 아들은 원(源)과 염(濂)이며 딸은 옥산(玉山) 장태진(張泰軫)과 옥산(玉山) 장한규(張漢奎)에게 시집갔다. 건호(健鎬)의 아들은 보(溥)와 연(淵)과 환(渙)이며 딸은 경주(慶州) 최목영(崔穆永)과 파평(坡平) 윤천수(尹芊洙)와 영천(永川) 최수동(崔守東)에게 시집갔다. 경호(經鎬)의 아들은 택락(宅洛)과 준(準)이다. 이기승(李基承)의 아들은 한석(漢錫)·영석(英錫)·종석(鍾錫)이며, 딸은 진성(眞城) 이강원(李康源)에게 시집갔다.

우리 정씨(鄭氏)는 대대로 고려에 벼슬했는데, 이목은(李牧隱, 이색)이 우리 집안의 전기(傳記)를 쓸 때에 서원 대성(西原大姓)이라고 말한 것이 이것이다. 휘(諱) 의(顗, ?~1233)는 서경(西京, 평양)의 반적 최광수(崔光秀)[327]를 베

232

어서 상장군(上將軍)에 천거되었으니 이분이 비조(鼻祖)다. 휘(諱) 해(瑎, 1254~1305)는 시호(諡號)가 장경(章敬)이다. 휘(諱) 책(憤, 1271~1328)은 청하군(淸河君)이다. 휘(諱) 보(誧, 1309~1345)[328]는 청하부원군(淸河府院君)으로 호는 설곡(雪谷)이다. 휘(諱) 추(樞, 1333~1382)는 진현관 대제학(進賢館大提學)으로 시호(諡號)가 문간(文簡)이며 호는 원재(圓齋)다. 조선조에 들어와 휘(諱) 총(摠, 1358~1397)은 시호(諡號)가 문민(文愍)이고 호는 복재(復齋)다. 문목공(文穆公) 한강 선생(寒岡先生)은 동방 도학(東方道學) 종사(宗師)의 적통(嫡統)을 이었다. 징사(徵士)인 지

---

327) 최광수(崔光秀, ?~1217) : 고려 고종(高宗) 때의 무신이자 역적. 거란군 진압을 위해 파견된 상장군 최유공(崔兪恭)의 휘하에 있다가 고구려 부흥을 표방해 반란을 일으켰으나 정의(鄭顗) 등에 의해 진압되었다.

328) 보(誧) : 학계에서는 '포'로 읽으나, 청주 정씨 집안에서는 오랫동안 '보'로 읽어 왔다. 정보의 관향은 청주, 자는 중부(仲孚), 호는 설곡(雪谷)이다. 최해(崔瀣)의 문인으로 이곡(李穀) 등과 사귀며 시문과 글씨에 뛰어난 재질을 보였다. 시집으로 ≪설곡시고(雪谷詩藁)≫가 전하고 있는데, 이색(李穡)은 <설곡시고서(雪谷詩藁序)>에서 그의 시를 "맑아도 고고(苦孤)하지 않고, 화려해도 음탕하지 않아, 사기(辭氣)가 우아하고 심원해 지속한 글자를 하나도 쓰지 않았다"라고 평가한 바 있다.

애(芝厓) 휘(諱) 위(煒, 1740~1811)는 공의 5세조(五世祖)다. 증조(曾祖)는 휘(諱) 보영(輔永, 1797~1867)이며, 조부는 휘(諱) 민화(民和, 1816~1855)다. 부친은 휘(諱) 세용(世容, 1834~1879)이니 유림의 중망(重望)이 있었다. 모친은 옥산 장씨(玉山張氏)이니 주부(主簿) 유양(有良)의 따님으로 죽정(竹亭) 잠(潛)의 후손이다.

처음에 공은 아들이 셋이었는데 맏이는 오래 살지 못했다. 둘째는 말년에 병으로 누워 있었는데 내가 일찍이 가서 문병을 하니, 막내가 곁에 있다가 둘째 형을 부르면서 나를 돌아보고 말하기를, "돌아가신 부친의 뒷일을 많이 갖추지 못했으니, 행장의 글을 다른 사람에게서는 구할 수가 없다"라고 했다. 내가 감히 할 수 없다며 군이 사양을 하니 두 분의 부탁이 더욱 간절해 부득이 뒤에 가서 보자며 청탁을 미루어 두었다.

지금 두 분이 모두 돌아가시고 나 또한 늙어서 머리털이 하얗게 되었다. 살았을 때와 죽은 후의 부탁을 감히 잊지 못하고, 또 둘째 손자 염(濂)이 묘도(墓道)의 글을 군이 요청해 그치지 않았다. 스스로 생각하매 나는 8세에 공의 문하에 입학해 16세에 이르러 그쳤으니, 8년 사이에 인정과 격려를 받은 것이 매우 두터웠다. 그러나 행장과 묘도문(墓道文)이 한 사람의 손에서 같이 나올 수가 없으므로, 삼가 뇌헌(磊軒)

공이 지은 행장(行狀)에 의거하고 다시 내가 아는 바를 첨가
해 위와 같이 차례대로 서술해서 염(濂)의 요청에 갈음하니,
두 분이 저승에서라도 아신다면 용서해 주실 것인가?

이어서 다음과 같이 명(銘)한다.

지혜는 명철했고
학문은 정밀했으며
행실은 완성되었네
독립을 청원하던 날에
성패를 어찌 기필했겠는가마는
의리는 홀로 전일했네
일은 비록 실패했으나
선비를 죽일 수는 없으니
어찌 치욕을 스스로 부르리오
나머지는 바랄 것도 없으니
한 번 죽어 온전히 돌아가서
인을 이룬 것에 어긋남이 없었네
천추에 가장 가슴 아픈 것은
시대가 어지러워 누구를 탓할 수도 없고
인재가 유린된 것이라네
공의 마음은 바르고 곧았으니

어찌 오랑캐의 나라에 태어난 것만이
지사의 슬픔이리오

智之明也　學之精也
行之成也　乞國當日
成敗豈必　義獨專壹
事雖已覆　士不可戮
曷辱自速　餘無可希
一死全歸　成仁不違
最傷千秋　時亂何讎
人才躪踩　公心正直
奈生胡國　志士之盡

2. 뇌헌공 행장(磊軒公行狀)

공의 휘는 종호(宗鎬), 자는 한조(漢朝), 호는 뇌헌(磊軒)
이다. 우리 서원 정씨(西原鄭氏)는 고려조로부터 시작했는
데, 휘 의(顗, ?~1233)는 서경(西京)의 반적(叛賊) 최광수
(崔光秀)를 쳐부수어 대장군에 제수되었고, 또 필현보(畢玄
甫)를 선유(宣諭)하다 절개를 굽히지 않고 죽임을 당하자 특
명으로 충렬사(忠烈祠)에 제향되었다. 이분이 좌복야(左僕
射) 현(儇, ?~?)을 낳았고, 현이 도첨의(都簽議) 찬성사(贊
成事)로 시호 장경공(章敬公) 휘 해(瑎, 1254~1305)를 낳
았다. 해가 대광청하군(大匡淸河君) 휘 책(賾, 1271~1328)
을, 책이 예문관(藝文舘) 직제학(直提學) 청하부원군(淸河
府院君) 호 설곡(雪谷) 휘 보(誧, 1309~1345)를, 보가 중대
광진현관(重大匡進賢舘) 대제학(大提學) 청원군(淸原君)
시호 문간공(文簡公) 호 원재(圓齋) 추(樞, 1333~1382)를
낳았다. 이상의 6세는 충렬(忠烈)과 문행(文行), 덕업(德業)
과 공명(功名)으로 고려사에 빛나 목은(牧隱) 이색(李穡,
1328~1396)이 가전(家傳)을 쓰면서 서원 대성(西原大姓)
이라 칭송했다.

원재의 아들은 총(摠, 1358~1397)으로 조선조에 들어와

정당문학(正堂文學) 수문전(修文殿) 태학사(太學士) 서원군(西原君) 시호 문민공(文愍公) 호 복재(復齋)이고, 복재의 아들은 효충(孝忠, 1394~1453)으로 용무시위사(龍武侍衛司) 상호군(上護軍)이었고, 상호군의 아들은 옥경(沃卿, 1416~1468)으로 오위도총부 도사(五衛都摠府都事) 겸 사헌부 집의(司憲府執義)였고, 집의의 아들은 휘 윤증(胤曾, 1436~1500)으로 의주진(義州鎭) 관동첨(管同僉) 병마절제사(兵馬節制使) 청성군(淸城君)이었고, 청성군의 아들은 응상(應祥, 1476~1520)으로 사헌부 감찰(司憲府監察)인데 어려서 한훤당(寒暄堂) 김 선생의 문하에서 수학했다. 단정하고 민첩했으며 학문에 뜻을 두니 선생이 사랑해 따님을 시집보내었던 것이다. 그의 손자 휘 구(逑, 1543~1620)는 사헌부(司憲府) 대사헌(大司憲) 증영의정(贈領議政) 시호 문목공(文穆公)이다. 세칭 한강 선생(寒岡先生)으로 퇴도(退陶)의 적전이자 동방심학(東方心學)의 조종이다.

아들 장(章, 1569~1614)은 급제로 출신(出身)해 성균전적(成均典籍)을 거쳐 충청과 전라 두 도(道)의 도사가 되었다. 그의 후손 휘 창지(昌址, 1641~1705)는 청엄도 찰방(靑嚴道察訪)329)이었고, 휘 동리(東里, 1702~1753)는 신창현감(新昌縣監)330)이었으며, 휘 위(煒, 1740~1811)는 징사 온릉 참봉(溫陵參奉)331)으로 호가 지애(芝厓)였다. 그의 아

들은 용석(龍錫, 1771~1834)이고, 용석의 아들은 보영(寶
永, 1797~1867)이며, 보영의 아들은 민화(民和, 1816~
1855)이고, 민화의 아들은 세용(世容, 1834~1879)인데 호
가 일우(一宇)로 유림의 중망이 있었다. 세용의 아들 재설
(在㠀, 1857~1896)은 호가 노하(老下)로 사람들로부터 재
덕을 두루 갖추었다며 칭송받았다. 이상 4세는 공의 사친
(四親)332)이다.

비(妣) 재령 이씨(載寧李氏)는 모은(茅隱)333)의 후예 인

---

329) 청엄도 찰방(靑嚴道察訪) : 청엄도는 조선 시대에 전라도 나주의
청암역을 중심으로 설치한 역도로 청암도(靑巖道)라 불리기도 한다.
찰방은 조선 시대 각 도의 역참(驛站)을 관리하던 종6품 외관직이다.
330) 신창 현감(新昌縣監) : 신창현(新昌縣)은 충청남도 아산시 신창
면 · 선장면 · 도고면 일대에 있었던 옛 고을이다. 정동리는 이곳의 현
감을 지냈다.
331) 온릉 참봉(溫陵參奉) : 온릉(溫陵)은 경기도 양주시 장흥면 일영
리에 있는 조선 제11대 왕 중종 비 단경 왕후 신씨(端敬王后愼氏)의 능
이다. 정위는 이 능의 참봉을 했다.
332) 사친(四親) : 부모, 조부모, 증조부모, 고조부모의 사대(四代)를
통틀어 말한 것이다.
333) 모은(茅隱) : 이오(李午)의 호다. 이오는 고려 말 성균 진사를 지
냈던 인물로 고려가 망하자 고려에 대한 충절을 지키기로 결심하고 함
안으로 들어가 고려동을 만들어 살았다고 한다.

흠(仁欽)의 따님이자 광주 이씨(廣州李氏) 석담(石潭, 이윤우, 1569~1634)[334]의 후예 이식(以寔)의 따님이다. 공은 전비(前妣)의 몸에서 고종 을해년(乙亥年, 1875) 6월 26일에 태어났다. 어릴 때 행동거지가 여러 아이들과 달라서 부조(父祖)가 높은 경지에 이를 것이라 기대했다. 성장해 광주 노씨(光州盧氏) 교리(校理) 상익(相益, 1849~1941)[335]의 딸을 아내로 맞았다. 그때 공의 중부(仲父) 성재 공(省齋公, 정재기)이 몸을 닦고 행실을 삼가면서 가학(家學)을 강론했고, 내공(內公) 장인[336]의 동생 소눌 공(小訥公, 노상직)[337]

────────

334) 석담(石潭) : 이윤우(李潤雨, 1569~1634). 본관은 광주(廣州), 자는 무백(茂伯), 호는 석담(石潭), 성주 출신으로 정구(鄭逑)의 문인. 1591년(선조 24) 진사가 되고, 1606년(선조 39) 식년문과에 병과로 급제해 성균관 전적을 거쳐 광해군 즉위 초 승정원 주서를 지냈다. 특히 여진이 활발히 자국의 강토를 강하게 넓힐 때 변방의 방어에 힘썼다. 이조참판에 추증되고 칠곡 사양 서원(泗陽書院)과 성주 회연 서원(檜淵書院)에 제향되었다.

335) 상익(相益) : 노상익(盧相益, 1849~1941). 본관은 광주, 자는 치삼(致三), 호는 대눌(大訥)이다. 한말에 홍문관 시강(侍講)의 벼슬을 하다가 나라가 망하자 망국의 한을 안고 중국으로 건너가 절개를 지켰다. 동생 노상직(盧相稷)과 함께 허전의 문하에 출입했다. 정종호의 장인이다.

336) 내공(內公) 장인 : 장인 노상익을 말한다.

에게 허성재(許性齋, 허전)338)의 도통을 이어받아 남방에서
못난 선비들의 풍도를 털어 내고 있었다. 공이 출입하면서
그 채찍과 격려를 받아들여 책을 읽으며 강구(講究)하고, 관
광(觀光)339)하며 음영(吟詠)했다. 그리고 의문처와 어려운
곳을 질문하면서 부지런히 노력해 거의 헛된 세월을 보내지
않았다.

　공이 어릴 때 이미 어머니를 잃어서 지극히 애통한 마음
이 있었다. 대인공(大人公, 아버지)께서 광주 이씨를 재취
(再娶)로 맞으시니 친어머니 섬기듯 했다. 온정(溫凊)340)과

─────

337) 소눌 공(小訥公) : 노상직(盧相稷, 1854~1931). 본관은 광주, 자
는 치팔(致八), 호는 소눌(小訥) 혹은 눌인(訥人), 자암병수(紫巖病叟)
다. 허전의 문하에 출입했으며, 경술국치 이후 망명지 만주로 갔다가
다시 돌아와 자암 서당을 짓고 후진을 양성했다.

338) 허성재(許性齋) : 허전(許傳, 1797~1886). 본관은 양천(陽川), 자
는 이로(而老), 호는 성재(性齋), 시호는 문헌(文憲)이다. 철종의 명을
받아 ≪사의(士儀)≫를 편수했으며, 김해부사로 부임해 강학하면서 영
남의 많은 선비들을 성호학맥과 닿게 했다.

339) 관광(觀光) : ≪주역≫ <관괘(觀卦)>의 "나라의 휘황한 빛을 봄
이니, 왕에게 나아가 손님이 되는 것이 이롭다(觀國之光, 利用賓于王)"
라고 한 말에서 온 것이다. 선진 문물을 접해 견식을 넓힌다는 의미로
사용된다.

340) 온정(溫凊) : 온정정성(溫凊定省, 추울 때는 따뜻하게 하고, 더울

진퇴의 법도에 순종해 뜻을 어김이 없었다. 병신년(丙申年, 1896)에 대인공께서 돌아가시자 3년상을 치르면서 곡읍(哭泣)을 할 때 엎드려 나아가며[341] 예법을 살펴 허물이 없도록 했다.

경자년(庚子年, 1900)에 노씨 부인이 강보에 싸인 1남 1녀를 버리고 병들어 일어나지 못하게 되었다. 제사를 받들고 빈객을 접대함에 음식을 맡은 자리가 비어 부득이 청주 이씨(淸州李氏) 한린(漢麟)의 따님에게 다시 장가들었다.

공의 아버지는 겨우 45세밖에 살지 못하셨는데, 당시 공의 나이 바야흐로 22세였고, 노씨의 상사(喪事)가 경자년이니 공의 나이 26세였다. 평소 청빈한 집안인 데다 뜻밖의 상사가 잇달아 일어나 어려움을 극복하는 것에 이루 말할 수가 없었다. 그러나 공은 괴로움을 견디며 지기(志氣)가 꺾이지 않았으며, 나이가 많아질수록 학문은 더욱 나아갔고, 도

때는 서늘하게 하고, 저녁이면 잠자리를 정해 드리고, 아침이면 문안드리고 보살피는 것)을 줄인 표현이다.

341) 엎드려 나아가며 : ≪예기≫ <단궁 상>에, "선왕께서 예를 제정하심에 지나친 자는 숙여서 나아가고, 이르지 못하는 자는 발돋움해 미친다(先王之制禮也, 過之者俯而就之, 不至焉者跂而及之)"라고 했다. 여기서는 지극한 예를 의미한다.

량과 재능이 준정(峻整)하고 의리가 밝았으며, 논변이 강물 흐르는 듯해, 종당(宗黨)에서 일을 맡기면 그 맡은 바를 이루었고, 벗들이 그 의리에 복종하며 따랐다.

무릇 세상의 크고 작은 일 등 모든 일에 융합해 본질에 맞게[342] 하지 않은 것이 없었다. 무흘(武屹) 한 구역은 우리 선자(先子) 문목공(文穆公)께서 비둔(肥遯)[343]한 곳인데, 이전부터 중의 무리가 거짓을 꾸며 재앙을 만드니 어찌 차마 말로 다할 수 있겠는가? 공은 그 소송에 응해 명쾌하게 씻어냈다.

그러나 강토가 침탈당하고 오랑캐 정치가 가혹해 지사들이 손발을 둘 곳이 없었다. 무기(戊己, 1918~1919)의 파리 장서 운동(巴里長書運動)[344]에서 우리 유림은 사력(死力)

---

342) 본질에 맞게 : 좌우봉원(左右逢原). 주변에 맞닥뜨리는 사물과 현상을 잘 헤아리면 근원과 만나게 된다는 의미다. 일상의 모든 것이 공부의 원천이라는 의미로도 풀이된다.

343) 비둔(肥遯) : 은둔하며 여유롭게 사는 생활을 말한다. ≪주역≫ <둔괘(遯卦)> 상구(上九)에, "살찌는 은둔이니 이롭지 않음이 없다(肥遯, 無不利)"라 했다.

344) 파리 장서 운동(巴里長書運動) : 1919년 유림단이 벌인 독립 청원 운동이다. 기독계와 불교계가 주동한 가운데 3·1 독립운동이 일어나자 유림단이 이에 호응해 대대적인 장서 운동을 벌였다. 이에 서명한

을 다했다. 성재 공께서 장서에 서명하는 것을 허락하고 대의(大義)와 함께하니, 공도 편안히 앉아서 느긋하게 먹는 것을 그의 뜻으로 하지 않았다. 그 장서를 가지고 대구로 들어가 몰래 애국지사와 만나 그로 하여금 전달되도록 했으니,[345] 모두 공이 앞뒤에서 주선한 힘이었다.

무오년(戊午年, 1918) 겨울에 또 이씨의 상을 당해 이에 곡해서 두 번이나 거문고의 줄이 끊어지게 되었으니,[346] 하늘은 어찌하여 선인을 도와주지 않는 것인가?

기미년(己未年, 1919) 3월 고종의 인산일(因山日, 장삿날)에 즈음해 만세(萬歲) 소리가 크게 일어나게 되었다. 만세를 불러 나라 안이 떠들썩하게 요동치고, 아울러 파리 장서에 연명을 한 사람들을 오랑캐의 법에 따라 조사해 빠뜨리는 사람이 없었다. 경찰서에서 소환장이 성재 공에게 오

―――――
사람은 137명이었고, 장서의 길이는 전문 2674자에 달했다.

345) 그 장서를… 했으니 : 곽종석(郭鍾錫, 1846～1919)이 쓰고 장석영(張錫英, 1851～1926)이 교정한 파리 장서를 거제군수를 지낸 윤상태(尹相泰, 1882～1942)에게 전달하는 역할을 했다. ≪국역 흑산일록 : 대구 감옥 127일, 그 고난의 기록≫(정우락, 경북대학교출판부, 2019) 참조.

346) 두 번이나… 되었으니 : 아내인 광주 노씨(光州盧氏)와 청주 이씨(淸州李氏)가 모두 죽은 것을 말한다.

자, 공은 "감옥에서 구차하게 살기를 구하는 것은 또한 비루하지 않은가?"라고 하면서 마침내 소망지(蕭望之)처럼 목숨을 바쳤다.[347] 장례를 겨우 마치니 소환장이 공에게 미쳤다. 8개월 동안 지루하게 끌면서 결정하지 않다가 4~5개월 대구 감옥에서 복역하게 되었다.

본디 약한 기질이었지만 그 콩을 찌는 듯한 어려움에도 목숨을 잘 보존했다. 풀려나 돌아온 날에 부스럼이 머리에 생겨 곪았으며 부기가 온몸에 퍼져 있었다. 그러나 오히려 감옥에서는 ≪춘추(春秋)≫를 읽으면서 밤낮으로 쉬지 않았으니, 이것은 어떠한 의기(義氣)였던가! 고을의 이웃들이 차례로 와서 위로하고, 종친(宗親)들이 손을 잡고 탄식했으니, 누가 당시 세도(世道)와 현사(賢士)의 불우에 대해 탄식하지 않았으리오! 드디어 처음의 마음을 돌이키며 책상 위에 놓인 ≪주역≫을 읽고 천고의 역사를 음미하며 그 이치를 궁구해 마음으로 이해하고 행동으로 옮기지 않은 것이 없었다.

앞 세대에 겨를이 없어 하지 못했던 일이 공의 몸에 미치

---

347) 마침내… 바쳤다 : 정재기는 일제의 출두 명령을 거부하고 1919년 4월 9일 음독 자결했다.

니, 사상(泗上, 대구 사수동)의 경신년(庚申年, 1620)에 있었던 만사와 제문, 만오 부군(晚悟府君, 정장)의 유서(遺書), 지애 부군(芝厓府君, 정위)의 예서(禮書)[348]를 모두 교정해 세상에 간행했다.

병인년(丙寅年, 1926)에 고을의 이웃 몇 사람과 함께 무흘(武屹)의 서운암(捿雲庵)에서 여름을 보낸 것은 젊은이들의 공부를 위한 것일 뿐만 아니라 또한 스스로의 정신을 기르기 위함이었다. 이어서 숙야재(夙夜齋)에서 10년 동안 생활함에 학도들이 왕래하면서 모여들었다. 공은 문목공 선조의 <독서첩(讀書帖)>[349]을 벽상에 게시해 두었는데, 무릇 30여 조목이었다. 성(性)과 심(心)의 함양성찰(涵養省察), 경(敬)과 의(義)의 직내방외(直內方外) 등 갖추지 않음이 없었다. 이것은 모두 주 부자(朱夫子)의 몸을 닦고 덕을 이루

---

348) 예서(禮書) : 정위(鄭煒, 1740~1811)가 쓴 ≪가례휘통(家禮彙通)≫을 말한다. 정위는 ≪주자가례≫ 가운데 어려운 내용에 대해 경사(經史)와 선유의 설을 인용하고 자기 의견을 붙여 이 책을 만들었다.
349) <독서첩(讀書帖)> : 정구가 ≪성리대전(性理大全)≫, ≪심경(心經)≫, ≪근사록(近思錄)≫, ≪주자어류(朱子語類)≫, ≪연평답문(延平答問)≫ 등에서 함양 공부와 관련한 내용을 간추려 뽑아 편집한 것이다. ≪한강속집≫ 권4.

는 학술의 요령이었다. 공이 오르내리고 들고 나감에 아침 저녁으로 보면서 경계로 삼았다.

사시(四時)의 과목을 개설해 생도들을 가르쳤으니, 봄과 여름에는 글을 짓고, 가을과 겨울에는 외우고 읽었다. 바야흐로 그 문장을 논하며 시험하고 옛것을 강의하며 가르칠 즈음에, 그 형세를 매우 좋게 해서 그 양단(兩端)을 극진히 두드려350) 순순연(諄諄然)351)이 봄바람이 사람에게 불어오는 듯이 했다.

춘추가 높을수록 덕이 높아 명성이 사방에 퍼져 유림(儒林)이 장성(長城)처럼 의지했다. 무릇 회합해 일을 의논하는 자리에서는 모두 좌장으로 추대해 그 일을 주창할 수 있도록 했다. 이것은 공의 식견이 그 본말과 경중을 저울질하며 잘 조율했을 뿐만 아니라, 넓고 굳센 덕량(德量)으로 사

---

350) 그 양단(兩端)을 극진히 두드려 : ≪논어≫ <자한(子罕)>에, "내가 아는 것이 있는가? 나는 아는 것이 없다. 하지만 어떤 시골 사람이 나에게 물을 경우, 그가 아무리 무지하다고 할지라도, 나는 그가 묻는 내용의 양쪽 끝을 두드려서 다 말해 준다(吾有知乎哉? 無知也. 有鄙夫問於我, 空空如也, 我叩其兩端而竭焉)"라 했다. 양단은 시종(始終)과 본말(本末)과 상하(上下)와 정조(精粗)를 말한다.

351) 순순연(諄諄然) : '거듭 타이르듯이 자세히 알려 주다'라는 의미다.

람들마다 덮어 사람들이 공경히 보고 즐거이 듣지 않음이 없었기 때문이다.

감추어진 일을 천양(闡揚)하고자 하는 사람들이 문 앞을 메워 글을 청했는데, 돌에 새긴 문적(文蹟)이 없는 곳이 없었다.[352] 소인은 감히 그 앞에서 하소연하지 못했고, 군자는 그 의로움을 알아 선을 행함에 두려움이 없었다. 대개 종사와 관련한 일과 향리와 관련한 일은 공으로부터 하지 않음이 없었고, 얽히고설켜 처리하기가 몹시 힘든 일도 모두 해결되게 했다.

신미년(辛未年, 1931)에 회연 서원에서 또 사문(斯文)의 연원에 대한 변고[353]가 일어나니 공이, "만일 이것을 그대로 두면 조선(祖先) 이래로 있어 왔던 변무(辨誣)의 의리가 어디에 있겠는가?"라고 하면서, 일을 총독부로부터 해야 했으므로 몇 년 동안 출입하면서 마침내 신원할 수가 있었다. 꺼리고 두려워하는 자가 얼굴을 보고는 '옳다' 하면서도 뒤로는 '그르다'고 했던 것은 옛 성현들께서도 또한 면하지 못했

---

352) 돌에 새긴… 없었다 : 정종호의 경우, 묘지와 묘표를 합쳐 묘갈명은 도합 157건이 있다. ≪뇌헌선생문집(磊軒先生文集)≫ 참조.
353) 연원에 대한 변고 : 당시 있었던 한강 정구와 여헌 장현광의 사승 관계를 두고 일어났던 한려 시비를 말한다.

을 것이다. 공의 행실과 일은 오직 의(義)를 볼 뿐이었으니, 공이 무엇 때문에 예단을 했겠는가!

병술년(丙戌年, 1946)에 대부인 이씨(李氏)가 돌아가시니 공의 나이가 이미 80세를 바라보는 터였다. 비록 기력으로 감당할 수는 없었지만, 곡하며 전(奠)을 드리고 문상객을 맞는 것을 오직 삼가며 행했다.

계사년(癸巳年, 1953)에는 장자가 요절하고, 이어서 공의 몸에 중풍이 닥쳐 2년 동안이나 병상에 있으면서 눕고 앉는 것을 다른 사람이 도왔지만, 정신은 혼미하지 않았다. 내[재화(在華)]가 틈을 내서 문후하니, 공이 나를 돌아보고 이르기를, "비록 내가 죽은 뒤라도 숙씨(叔氏)[354]는 내가 살아 있을 때와 같이 우리 집에 왕래하기를 부탁하오"라고 했다. 대개 그 가세가 예전 같지 않음을 탄식하고 평소의 친숙한 정의를 말씀한 것이면서, 나에게 혹은 곁에 있으면서 그 집안사람들을 경계하고 타이르게 하기 위함이었다. 지금 추념(追念)하건대 나도 모르게 마음속에 슬픈 감정이 일어난다.

갑오년(甲午年, 1954) 11월 16일에 고종하시니 향년이

---

354) 숙씨(叔氏) : 정종호는 '호(鎬)' 자 항렬이고, 정재화는 '재(在)' 자 항렬이므로, 정재화는 정종호의 숙항(叔行)이 된다.

80세였다. 유월장(逾月葬)으로 성주의 남쪽에 위치한 다락산(多樂山) 건좌(乾坐) 언덕에 장사 지냈고, 유고(遺稿) 10권이 집에 보관되어 있다.

아들 수(洙, 1899~1953)와 노인석(盧寅錫)에게 시집간 딸은 노씨가 낳았고, 아들 승락(升洛)과 여상동(呂尙東)에게 시집간 딸은 이씨가 낳았다. 수의 아들은 은식(殷植, 1919~1967)과 강(棡, 1935~1990)이고, 사위로는 윤종욱(尹鍾旭)과 이인화(李仁和)가 있다. 승락의 아들은 두식(斗植, 1947~)과 환(桓, 1952~)이며 딸은 모두 어리다.

아! 예로부터 성현은 타고난 기품으로 능히 대업을 이루지 않음이 없었다. 맹자는 어떠한 영기(英氣)를 지녔으며, 주자는 어떠한 기품을 지녔던가? 맹자께서 말씀하시기를, "나는 나의 호연지기를 잘 기른다"[355]라고 하셨다. 대저 선생이 품부한 기가 의(義)와 도(道)를 짝하기에 부족함이 없었던 까닭에 일을 처리하고 몸소 행동함에 위엄과 무력에도 굴하지 않고,[356] 곤궁하면서도 그 즐거움을 고치지 않았

---

355) 나는… 기른다 : 맹자가 자신의 부동심(不動心)을 말하면서 "나는 말을 알며, 나는 나의 호연지기를 잘 기른다(我知言, 我善養吾浩然之氣)"라고 했다. ≪맹자≫ <공손추 상(公孫丑上)>.

356) 위엄과 무력에도 굴하지 않고 : 맹자가 대장부를 들어, "부귀가 그

다.357) 그 법도와 모범이 구유(拘儒, 융통성 없는 선비)와 속사(俗士, 속된 선비), 손을 높이 들고 무릎을 꿇어 절을 하는 무리358)가 미치기를 바랄 바가 아니다.

　재주는 갖추고 있지 않은 것이 없었으므로 모든 일에 임해서 구차한 얼굴빛을 보이지 않았고, 지혜는 두루 하지 않음이 없었으므로 일을 함에 완급이 없이 그 절차에 따라 처음부터 미리 정했으며, 학문은 통하지 않음이 없었으므로 시서예악(詩書禮樂)이 문장에 나타나고 장단고저(長短高

마음을 음란하게 하지 못하며, 빈천이 그 절개를 옮겨 놓지 못하며, 위무가 그 지조를 굽히게 할 수 없는 것을 대장부라 이른다(富貴不能淫, 貧賤不能移, 威武不能屈, 此之謂大丈夫)"라고 했다. ≪맹자≫ <등문공 하(滕文公下)>.

357) 곤궁하면서도… 않았다 : 공자가 안회(顔回)에 대해, "어질다, 안회여! 한 그릇의 밥과 한 표주박의 음료로 누추한 시골에 있는 것을 남들은 그 근심을 견뎌 내지 못하는데 안회는 그 즐거움을 변치 않으니, 어질다, 안회여!(賢哉, 回也! 一簞食一瓢飮在陋巷, 人不堪其憂, 回也, 不改其樂, 賢哉, 回也!)"라고 해서, 그의 안빈낙도(安貧樂道)하는 생활을 칭찬한 바 있다. ≪논어≫ <옹야(雍也)>.

358) 손을… 무리 : "손을 높이 들어 무릎을 꿇고 몸을 굽혀서 절을 하는 것은 신하로서의 예의다(擎跪曲拳, 人臣之禮也)"라고 한 데서 원용한 것으로, 여기서는 지나친 예절을 말한다. ≪장자≫ <인간세(人間世)>.

251

低)가 기운을 따라 모두 드러났다. 공으로 하여금 마땅히 세
상을 위해 나아가 자신을 알아주는 주인을 만나 그 직책을
맡게 했더라면, 처한 상황에 따라 평탄한 길처럼 길이 달려
가 효과를 보았을 것이니, 이것이 진실로 그의 재주였다.

돌아보건대, 공이 살던 세상은 어떤 시대였던가? 이조 말
엽에 태어나 일제 치하의 30년을 거쳐, 경인년(庚寅年,
1950)의 대란에 이르러서는 나이가 이미 늙어 할 수 있는 일
이 없었다. 공의 일생은 그 몸을 궁핍하게 하고 근심이 가득
한 때가 아닌 적이 없었다. 그러나 기미년(己未年, 1919)에
출옥을 한 이후로 마음을 단련해 참을성을 길러 더욱 그 심
지(心志)를 굳건히 했다.[359]

어버이에게 효도하고 자식을 사랑하며 독서하는 것을 업
으로 삼고 농상(農桑)으로 생활을 도모하면서, 낮에 부지런
하고 밤에 반성하는 공부를 높은 나이에도 그치지 않았다.
큰 옷에 띠를 매고 새벽이면 가묘에 배알하고 물러나 서실
로 들어가 종횡으로 뜻을 찾아 수많은 이치를 일심(一心) 속

---

359) 마음을… 했다 : ≪맹자≫ <고자 하(告子下)>에, "하늘이 어떤
사람에게 큰 사명을 내리려 할 때에는… 그의 마음을 단련하고 참을성
을 길러, 그가 잘하지 못했던 일을 더욱 잘 할 수 있게 해 주기 위함이다
(天將降大任於是人也… 所以動心忍性, 增益其所不能)"라고 했다.

에 회통되게 하지 않음이 없었다. 병으로 눕기 전까지 시종 조금의 간단(間斷)도 없었으니, 공은 평탄할 때나 위험할 때나 한결같아 어떤 곳에 처하더라도 편안한 분360)이라고 할 수 있을 것이다. 옛날 이치에 통달한 군자들이 모두 공과 같았는지는 알지 못하겠다.

나는 공과 사종숙질(四從叔侄)의 친척 관계이니 정으로 보면 집안사람과 같다. 집안과 종중, 그리고 세상일에 어려운 일이 있으면 공은 혹 나를 불러 함께 상의했다. 이것이 어찌 나의 식견에 취할 것이 있어서 그러했겠는가? 공이 나에게 할 수 있는 자질이 있다고 여겨서 마음을 비우고 서로 터놓고 말을 하면서 들을 만한 것이 있으면 선택했던 것이다. 혹 들을 만한 단서라도 보면 공은 기쁨을 얼굴에 보이며 승낙하고 좇음에 겨를이 없었다. 고인의 이른바 지기(知己)의

---

360) 어떤 곳에 처하더라도 편안한 분 : ≪맹자≫ <진심 하(盡心下)>에, 순(舜)임금이 "그대로 몸을 마칠 듯이 했다(若將終身焉)"라는 구절에 대해서 주자가 풀이하면서, "성인의 마음은 빈천하다고 해서 밖으로 구하는 것이 있지 않으며, 부귀하다고 해서 마음속으로 동요하는 것이 있지 않다. 어떤 환경을 만나더라도 편안하게 여길 뿐이니, 자기에게는 어떤 영향도 끼치지 않는다(聖人之心, 不以貧賤而有慕於外, 不以富貴而有動於中, 隨遇而安, 無預於己)"라고 했다.

253

즐거움이라는 것이 이것과 다르겠는가?

내가 지나치거나 미치지 못한 행실이 있으면 꾸짖어 용서하지 않았고, 위험하고 곤란한 기미가 있으면 여러 방면으로 도와 권장하고 독려해 이룰 수 있게 했으니, 이 생을 살아감에 감히 그 은혜를 잊을 수 있겠는가?

승락 군이 나에게 와서 눈물을 흘리며 말하기를, "우리 형이 일찍 죽고 조카와 손자들이 아는 것이 없습니다. 그러나 우리 아버지의 행적을 감히 민몰시켜 전해지지 않게 할 수는 없습니다. 당일의 지친으로 우리 아버지와 가까운 분은 할아버님만 한 분이 없고, 행장의 글은 다른 사람에게서 구할 수도 없습니다"라고 했다. 내가 이르기를, "내가 글에 능하지 못할 뿐만 아니라, 말세에 거짓이 자꾸 불어나 어진 이의 행실을 천양(闡揚)함에 그 사실에 부응하기가 또한 어려우니, 그 사람인지를 군은 살펴 삼가 이 글을 선택하지 않을 수가 없을 것이다"라고 했다. 드디어 참람하고 외람됨을 잊고 평소 아는 것에 따라 그 대략을 위와 같은 글로 엮는다.

3. 후산기(厚山記)

　　호(號)는 표방(標榜)을 위해 짓는 것이 아니다. 옛사람들은 혹 자신이 사는 곳을 즐거워하기도 하고, 혹 초목에 취미를 붙이기도 하고, 혹 경계하고 성찰하기도 했다. '경계하고 성찰한다[警省]'는 것은 앞으로 나아가기를 구한다는 뜻이니, 어찌 현우(賢愚)에 따라 있기도 하고 없기도 한 것이겠는가?

　　≪주역(周易)≫의 <곤(坤)>괘 단사(彖辭)에, "땅은 두터움으로 만물을 싣기 때문에 그 덕은 끝이 없다"[361]라고 했고, <간(艮)>괘의 본의(本義)에, "양(陽)이 아래로부터 올라가 지극히 높은 곳에서 머무니 그 형상이 산이다"[362]라고

---

361) ≪주역≫ <곤괘> 단사(彖辭)에 "만물이 바탕해서 생겨나니 이에 순응해 하늘의 뜻을 받든다. 곤(坤)이 두터움으로 만물을 싣기 때문에 그 덕은 끝이 없다(萬物資生, 乃順承天, 坤厚載物, 德合无疆)"라고 했다.

362) ≪주역≫ <간괘> 본의(本義)에 "간(艮)은 그침이니, 한 양이 두 음 위에 그쳤으니, 양이 아래로부터 올라가 지극히 높은 곳에 머무니 그 형상이 산이다(一陽, 止於二陰之上, 陽自下升, 極上而止也, 其象, 爲山)"라고 했다.

했다. 그러니 아래의 간(艮)과 위의 곤(坤)을 겹쳐 놓으면 겸(謙)이고, 합해서 일컫게 되면 후산(厚山)이다. 후산(厚山)은 겸괘를 형상한 덕(德)이다.

대개 하늘과 땅의 도가 높은 곳에서 내려와 구제하지 않고, 낮은 곳에서 위로 올라가 운행하지 않는다면,[363] 그 덕을 합해서 조화의 공을 이룰 수가 없다. 겸(謙)의 도(道)는 산이 지극히 높지만 그칠 줄 알고, 땅은 지극히 낮아 모든 것을 소유하면서도 자처하지 않는다는 뜻을 지닌다. 그러한 까닭에 밖으로 순종하는 것이다.[364] 삼재(三才)의 도(道)는 가득 참을 싫어하고 겸손함을 좋아하지 않는 것이 없으니[365] 바로 이 이치가 아니겠는가?

대저 사람의 높으면서도 빛나는 곳에 자리하고, 낮으면

---

363) ≪주역≫ <겸괘>에 "단에 이르기를, 겸손하면 형통한다. 하늘의 도는 아래로 내려오면서도 밝고, 땅의 도는 낮으면서도 위로 행한다(彖曰, 謙亨, 天道, 下濟而光明, 地道, 卑而上行)"라고 했다.

364) ≪주역≫ <겸괘> 본의(本義)에 "겸은 갖고 있으면서도 자처하지 않는다는 뜻이다. 안으로 그치고 밖으로 순종함이 겸의 뜻이다(謙者, 有而不居之義, 止乎內而順乎外, 謙之意也)"라고 했다.

365) ≪주역≫ <겸괘> 단사(彖辭)에, "귀신은 가득 찬 것을 해치고 겸손한 것에 복을 주고, 사람의 도는 가득 찬 것을 싫어하고 겸손한 것을 좋아한다(鬼神, 害盈而福謙, 人道, 惡盈而好謙)"라고 했다.

서도 중도를 넘지 않는 도가 어찌 이 겸도(謙道)에서 벗어난 것이겠으며, 어찌 군자가 끝까지 온전히 해야 할 덕[366]이 아니겠는가? ≪주역≫ 63괘는 모두 지극한 계신(戒愼)과 공구(恐懼)인데,[367] 겸(謙) 한 괘(卦)의 단사(彖辭)와 상사(象辭) 및 일·이·삼·사 효사(爻辭)의 주각(註脚)은 모두 길(吉)과 이(利)로 풀이되어 있으니, 성현이 어찌 겸괘(謙卦)로 나를 속이시겠는가?

그러나 성현의 도는 그 득중(得中)을 가장 귀하게 여겼으니, 비록 겸손하다 하더라도 지나치거나 미치지 못한다면 성현의 도가 아니다. 그러므로 육오(六五)의 효사(爻辭)에는 '적을 치는 것이 이롭다'[368]라고 했고, 상육(上六)의 효사(爻辭)에는 '군사를 내는 것이 이롭다[369]라고 했다. 이것은

---

366) ≪주역≫ <겸괘> 단사(彖辭)에, "겸은 높되 빛나며 낮되 넘을 수가 없으니, 군자의 끝마침이다(謙, 尊而光, 卑而不可踰, 君子之終也)"라고 했다.

367) ≪중용(中庸)≫에 "도라는 것은 잠시도 떠날 수가 없는 것이니, 보이지 않고 들리지 않더라도 조심하고 두려워해야 한다(道不可須臾離, 戒愼恐懼)"라고 했다.

368) ≪주역≫ <겸괘>에 "육오는 부유하지 않고서도 이웃을 얻는다. 적을 치는 것이 이로움 것이니 이롭지 않은 것이 없다(六五, 不富以其隣, 利用侵伐, 无不利)"라고 했다.

소인은 더욱 소인이 되어 항상 복종하지 않기 때문이다. 군자가 여기에서 마땅히 나의 겸손이 지극한가 그렇지 못한가를 스스로 돌아보고, 저쪽을 치는 것을 알맞게 해서 나의 사읍(私邑)을 다스릴 따름이다.

후산(厚山) 주인옹(主人翁)은 경계(警戒)하고 성찰(省察)하노라.

---

369) ≪주역≫ <겸괘>에 "상육은 겸손한 것이 밖에 나타난다. 군사를 내는 것이 이로우니 자기 나라 안을 정벌할 것이다(上六, 鳴謙, 利用行師, 征邑國)"라고 했다.

부록

발후산기(跋厚山記)[370]

무오년(戊午年, 1978) 여름에 정후산(鄭厚山, 정재화)을 곡하기 위해 강희대[熙大, 자 경집(敬緝)] 군과 함께 후산의 침문(寢門)에 가서 일곡(一哭)을 하고, 옛날 종유(從遊)하던 날을 추념했다. 집에는 온통 이끼가 끼고 풀이 자욱했으며, 골목은 조용해 사는 사람이 없는 듯한 생각을 들게 했다.

벽 위에는 후산이 스스로 쓴 기문(記文)이 있었는데, 처음에는, 간(艮 : ☶)이 아래에 있고 곤(坤 : ☷)이 위에 있어 겹쳐 두면 겸(謙)이요, 합쳐 일컬으면 후산(厚山)이라는 뜻이라고 했다. 이어서 성현의 득중지도(得中之道)는 마침내 주인옹에게 경계하고 성찰하는 뜻을 전하고자 한 것이라 했다.

내가 경집으로 하여금 베껴 쓰게 하니 경집이, "이 기문은 선생의 <겸산명(謙山銘)>과 표리(表裏)가 되는 듯합니다"라고 말했다. 내가 말하길, "이것은 내가 일찍 보지 못한 것인데, 곧 주인옹의 절필문(絶筆文, 마지막 글)이다. 아! 공

370) 여기동, ≪자계집(紫溪集)≫ 곤, 352~353쪽.

으로 하여금 연수를 늘려 몇 년만 더 살게 했더라면, 이 뜻과 사업을 확충해 우리가 마침내 의지할 수 있게 되었을 것이다"라고 했다.

한참을 어루만지다, 이 한마디 말을 지어 이 기문을 읽는 자로 하여금, 내가 오늘날 '사람은 떠나고 도(道)는 피폐해진 것에 대한 탄식(人亡道廢之歎)'을 하고 있다는 것을 알게 하고자 한다.

정후산 자실 행장(鄭厚山子實行狀)371)

　　공의 휘(諱)는 재화(在華, 1905~1978), 자는 자실(子實), 자호는 후산(厚山)인데, 정씨(鄭氏)로 서원인(西原人)372)이다. 고려조 휘 의(顗, ?~1233)가 서경의 반적(叛賊) 최광수(崔光秀)를 무찌르고 대장군에 천거되었으며, 또한 필현보(畢玄甫)를 선유(宣諭)하다가 굽히지 않고 절개를 지키다 죽어373) 상장군(上將軍)에 증직(贈職)되었으며 특명으로 사당에 제향되었다. 뒤에 어사(御使) 증좌복야(贈左僕

───────

371) 여기동(呂箕東), ≪자계집(紫溪集)≫ 곤, 708~718쪽. 이 글은 1989년[광복 후 기사(己巳)] 12월 29일에 쓴 것이다. 후산가(厚山家)에 전하는 원본(原本)과 ≪자계집≫에 실린 글에 문자상으로 출입이 약간 있기는 하나, 적절히 수정해 정본화했다.

372) 서원인(西原人) : 서원은 청주의 고호로, 관향을 의미한다. 685년(신라 신문왕 5)에 지금의 청주(淸州) 지방에 소경(小京)이 설치되었고, 757년(경덕왕 16)에 소경을 서원경(西原京)으로 고쳤으며, 940년(고려 태조 23)에 청주로 지명이 개칭되었다.

373) 필현보(畢玄甫)를… 죽어 : 1233년 필현보(畢賢甫)·홍복원(洪福源) 등이 서경에서 모반하자, 정의(鄭顗)가 선유(宣諭)의 임무를 띠고 서경에 갔으나 성공하지 못하고 살해되었다.

射) 현(儇, ?~?), 찬성사(贊成事) 장경공(章敬公) 해(瑎, 1254~1305), 대광청하군(大匡淸河君) 책(幘, 1271~1328), 예문관(藝文館) 직제학(直提學) 청하부원군(淸河府院君) 설곡(雪谷) 보(誧, 1309~1345),[374] 진현관(進賢館) 대제학(大提學) 청원군(淸原君) 문간공(文簡公) 원재(圓齋) 추(樞, 1333~1382)가 나왔다. 6세의 위대한 자취로 이목은[李牧隱 : 이색(李穡, 1328~1396)]은 가전(家傳)에서 서원대성(西原大姓)이라 칭송했다.

국조(國朝)에 들어와 정당문학(正堂文學) 서원군(西原君) 문민공(文愍公) 복재(復齋) 총(摠, 1358~1397), 상호군(上護軍) 효충(孝忠, 1394~1453), 집의(集義) 옥경(沃卿, 1416~1468), 철산 군수(鐵山郡守) 증이조판서(贈吏曹判書) 윤증(胤曾, 1436~1500), 사헌부 감찰(司憲府監察) 증좌승지(贈左承旨) 응상(應祥, 1476~1520), 명신재(明愼齋) 증이조판서(贈吏曹判書) 사중(思中, 1505~1551)을 거쳐 문목공(文穆公) 한강 선생(寒岡先生) 휘 구(逑, 1543~1620)에 이르러 도산(陶山, 이황)[375]의 적전(嫡傳)을 잇게

---

374) 설곡(雪谷) 보(誧) : 정보(鄭誧). 학계에서는 '포'로 읽으나, 청주 정씨 집안에서는 오랫동안 '보'로 읽어 왔다. 정보의 관향은 청주, 자는 중부(仲孚), 호는 설곡(雪谷)이다.

되었다. 아들 장(章, 1569~1614)은 문도사(文都事)로 호가 만오(晩悟)였고, 그 아들 유희(惟熙, 1575~1620)는 호가 휴암(休庵)인데 문목공의 승중상(承重喪)을 당해 그 상을 이기지 못하고 죽어, 그 동생 참봉(參奉) 유도(惟燾, 1611~1661)의 장남 찰방(察訪) 창지(昌址, 1641~1705)를 데려와 아들로 삼았다. 3대를 지나 현감(縣監) 동리(東里, 1702~1753), 다시 3대를 지나면 삼성재(三省齋) 귀석(龜錫, 1779~1826)이니 바로 공의 고조(高祖)다. 증조는 주영(周永, 1799~1868), 조부는 응화(應和, 1841~1866), 부친은 복용(福容, 1866~1918), 비(妣)는 서흥 김씨(瑞興金氏, 1876~1942)이니 그 부친은 도제(度濟)로 한훤당(寒暄堂, 김굉필)[376]의 후손이다.

공은 고종(高宗) 을사년(乙巳, 1905) 5월 18일에 모부인

---

375) 도산(陶山) : 이황(李滉, 1501~1570). 본관은 진보(眞寶), 자는 경호(景浩), 호는 퇴계(退溪)・퇴도(退陶)・도수(陶叟) 등이다. 한강 정구는 21세에 퇴계를 찾아가 배움을 청했다.

376) 한훤당(寒暄堂) : 김굉필(金宏弼, 1454~1504)의 호다. 그의 본관은 서흥(瑞興), 자는 대유(大猷), 다른 호는 사옹(簑翁)으로 김종직(金宗直)의 문인이다. ≪소학(小學)≫에 심취해 '소학동자(小學童子)'로 불렸다.

이 회임한 지 8개월 만에 지촌(枝村, 갓말) 옛집에서 태어났다. 어릴 때 자못 약했지만 미목(眉目)이 그림 같았다. 조금 자라 지혜가 밝고 상쾌했으며 기지(氣志)가 굳세었다. 일찍이 서당의 스승에게 나아갔으나 자력으로 서책을 읽어 어른들의 독려를 기다리지 않았다. 밤이 깊으면 냉수를 가져와 눈을 씻으며 공부했으니, 식자(識者)는 이미 집안을 일으킬 훌륭한 아이임을 알았다.

무오년(戊午年, 1918)에 조모상을 당한 지 6일 만에 다시 부친상을 당해 재앙이 잇달아 일어남을 근심하면서 망극(罔極)한 상황에 대해 목 놓아 통곡하니, 마을에서 근심하지 않는 이가 없었다. 당시 공의 나이 14세였다. 또한 집이 대대로 외로워 의지하고 믿을 만한 지친(至親)이 거의 없었으나 상사(喪事)에 관계되는 일은 한결같이 정성을 다했다. 당시 이미 오랑캐 제도인 공묘법(共墓法)이 시행되고 있어서 감히 어기는 자가 없었다. 공은 거적으로 자리를 삼고 흙덩이로 베개를 삼으면서도[377] 밤낮으로 생각해, 비로소 흙을 쌓아 임시로 매장해 두었다가 마침내 선영에 안장했다.

---

377) 거적으로… 삼으면서도 : 침점침괴(寢苫枕塊)로, 거상(居喪)하는 예를 말한다. ≪의례(儀禮)≫ <상복(喪服)>.

이씨(李氏)에게 시집을 간 누이378)가 수중다리 병으로 위독해 간호하기가 매우 힘들었다. 이에 공은 상복을 입은 채로 산을 넘고 물을 건너 집으로 데려와서 여러 달을 백방(百方)으로 노력했으나, 마침내 어쩔 수 없어 들것으로 들려 시가로 돌려보내 운명(殞命)을 맞도록 했다. 그 후 그 자부(姊夫)에 대한 제문에 이른바, "돌아보나니 부조(父祖)가 함께 돌아가시어 영연(靈筵)379)을 장차 걷으려 하는데 또 이러한 흉보(凶報)가 날아들었습니다"380)라고 한 것이 그것이다. 이것은 모두 공이 어린 나이에 감당할 수 없었음에도 감당했던, 지극히 착한 행실이었다.

또한 가난한 형편에도 불구하고 학문을 해서, 처음에는 종중(宗中)의 어른 성재 옹(省齋翁, 정재기)381)에게 나아가

---

378) 누이 : 후산의 손위 누이 정갑문(鄭甲文, 1899∼1919)으로 벽진인 이우흠(李愚欽, 1898∼1960)에게 시집갔다.

379) 영연(靈筵) : 혼백이나 신위(神位)를 모신 자리와 그에 딸린 물건들.

380) 돌아보나니… 날아들었습니다 : 작자는 <제이자형문(祭李姊兄文)>에서, "돌아보나니, 이 외로운 자의 부조(父祖)가 함께 돌아가시어 장차 영연(靈筵)을 걷고자 해서 어머니의 피눈물이 아직 마르지 않았는데, 이 흉보가 날아들었으니 그 소리가 얼마나 지독했슴ㅣ까?"라고 했다.

공부를 시작했고, 마지막에는 뇌헌(磊軒, 정종호)382)의 문하에 나아가 힘을 다해 공부하며 아침저녁으로 훈도(薰陶)를 받았다. 날마다 문장(門墻)에서 보았던 것은 모두가 선대 현인들의 모범이었고, 앞뒤로 갈고닦은 이들은 모두 고을의 석학들이었다.

공은 이들과 함께 격려하고 경계하면서 날로 나아가고 달로 진보해 읽었던 것은 사자육경(四子六經)383) 외에 비록 나머지의 글이라고는 하나, 한유(韓愈)·유종원(柳宗元)·구양수(歐陽脩)·소식(蘇軾) 등의 글을 읽어 그 귀취(歸趣)를 회통해 보지 않은 것이 없었다. 독서할 때는 반드시 서안

———

381) 성재 옹(省齋翁) : 정재기(鄭在夔, 1857~1919). 관향은 청주, 자는 성로(成老), 호는 성재(省齋)로 '한국 유림단 파리 장서'에 서명해 순국했다. 정부에서는 그 공훈을 기려 1991년에 건국 훈장 애족장(1983년 대통령 표창)을 추서했다.

382) 뇌헌(磊軒) : 정종호(鄭宗鎬, 1875~1956). 관향은 청주, 자는 한조(漢朝), 호는 뇌헌(磊軒)이다. 파리 장서 사건으로 검거되어 옥고를 치렀다. 이로 인해 1992년에 대통령 표창을 추서받았다.

383) 사자육경(四子六經) : 사재서는 ≪논어(論語)≫·≪맹자(孟子)≫·≪대학(大學)≫·≪중용(中庸)≫이고, 육경은 ≪시경(詩經)≫·≪서경(書經)≫·≪예기(禮記)≫·≪역경(易經)≫·≪춘추(春秋)≫·≪악경(樂經)≫이다.

(書案)을 마주하고 단정히 앉아 일찍이 조금도 게으른 기색이 없었으며, 글 읽는 소리는 흡사 금석(金石)이 굴러 나오는 듯했다.

일찍이 도동(道東)·옥산(玉山) 등의 여러 원사(院祠)를 배알했는데, 도산 서원(陶山書院)에서는 선생이 손수 쓴 '신기독(愼其獨)'·'무불경(毋不敬)'·'사무사(思無邪)' 인쇄본을 얻어서 돌아와 벽 사이에 걸어 두고 경계하고 성찰하는 자료로 삼았다.[384] 서안에는 한강(寒岡)이 편찬한 ≪심경발휘(心經發揮)≫를 두고 가학의 본원지지(本原之地)로 삼았다. 서로 상대함에 그 논의하는 말이 이치와 함께 통달해 경계가 지극히 명확했다. 비록 거칠고 속된 사람일지라도 만일 옳지 않은 것이 있으면, 혹시라도 말과 얼굴빛을 거짓으로 꾸밀 수가 없었다. 오직 가정 안에서는 자애로움이 더욱 견고해 한결같은 즐거움과 부드러움으로 가법(家法)을 삼았다.

옛날 선공(先公)[385]께서 돌아가신 이후로 선부인(先夫

384) 도산 서원에서는… 삼았다 : 1965년 도산 서원 춘향에 재유사(齋有司)로 참여했다. 당시 후산의 나이는 61세였다.
385) 선공(先公) : 정복용(鄭福容, 1866~1918)을 말한다. 그의 관향은 청주, 자는 상옥(尙玉)이다.

人)께서 울면서 깨우쳐 주시기를, "너희 집은 양대(兩代)가 외로운 과부여서 고인(古人)의 경계[386]를 면하기 어려우니, 너는 더욱 조심하기 바란다"라고 했다. 생각건대 공의 성취에 대한 시종(始終)은 스스로 뜻을 세운 것도 있어 비록 그 기질의 아름다움과 학문의 독실함이 있었다고 하더라도, 또한 선부인께서 힘써 돌보아 주지 않았더라면 반드시 이루어졌다고 하기는 어려울 것이다. 이 때문에 김 부인께서 임년(臨年, 노년)에 집에 계실 때 공은 한결같은 마음으로 삼가고 조심해 오직 그 뜻을 어길까 두려워했다. 모친상을 당해서는 애통함이 마음과 뼈에 사무쳐 새벽과 저물녘에 소리 내어 섧게 울었고, 그 나머지의 사소한 의절(儀節)이라도 힘을 다해 시행했다. 관의 틈은 송지(松脂, 송진)로 메웠고, 묘혈(墓穴)을 찾을 때는 지사서(地師書, 풍수서)를 보았다. 대개 스스로 할 수 있는 것은 하지 않은 것이 없었다. 내가 마침 부고가 오기 전에 먼저 가서 점차(苫次)[387]의 끝자락에서 곡을 했는데, 그 정문(情文, 인정과 예문)을 이야기함이 지극히 측은해

---

386) 고인(古人)의 경계 : ≪예기≫에, "과부의 아들에게 볼만한 재주가 없다면, 더불어 벗을 하지 않는다(寡婦之子, 非有見焉, 弗與爲友)"라고 했다. ≪예기≫ <곡례(曲禮)>.
387) 점차(苫次) : 거적자리로 부모 상중(喪中)에 거처하는 여막.

나는 마음으로 열복(悅服)하게 되었다. 여기서 공의 입심(立心)과 제행(制行)의 근본 바탕을 볼 수 있었다. 그리고 여러 선조의 묘에 이르러서는 혹 고위(考位)와 비위(妣位)가 달리 있더라도 모두 상석(床石)을 놓았으며, 고위 가운데 훌륭한 사업이 있으면 아울러 비갈(碑碣)을 세웠다.

문당(門黨)의 노숙(老宿)[388]께서 차례대로 돌아가심에, 공은 홀로 나이가 들어 가면서도 중임(重任)을 맡아 일에 따라 대응하며 적절히 처리했다. 예컨대, ≪국조실록(國朝實錄)≫에서 자료를 찾아내 대대로 지켜 가던 의론을 정하고,[389] 남향(南鄕)의 존위(尊衛)[390]가 귀착되도록 덕천(德川)의 소요(騷擾)를 잠재운 것[391]이 그것이다. 이것은 또한

---

388) 노숙(老宿) : 학식이 높고 견문이 넓은 선비.
389) ≪국조실록(國朝實錄)≫에서… 정하고 : 한강 정구와 여헌 장현광 사이의 사승 관계와 위상 문제를 놓고 벌인 시비로 소위 한려 시비(寒旅是非)를 말한다. 후산은 ≪회연급문록≫을 만들어 사승 관계를 밝혔고, ≪조선왕조실록≫ 등 다양한 자료를 인용하면서 <한강 문인(寒岡門人)이 여헌(旅軒)입니다>라는 글을 쓴 바 있다.
390) 존위(尊衛) : 어진 이를 존경하고 보위하거나, 조상의 유적을 존중해 지키는 것.
391) 남향(南鄕)의… 잠재운 것 : 한강 정구와 동강 김우옹의 위차 문제를 두고 벌인 시비를 말한다. 담헌(澹軒) 하우선(河禹善, 1894~1975)

공이 온몸으로 떠맡아[392] 수행한 일 가운데 마지막 한 수[393] 였다. 태어난 때로부터 73년 되던 해, 광복 후 무오년(戊午年, 1978) 정월 18일에 세상을 떠나, 살던 마을인 지촌(枝村)의 뒷산 기슭 계좌원(癸坐原)에 묻혔다. 사우(士友)들은 공의 만시(輓詩)에서 이렇게 기렸다.

하늘에서 굳세고 곧음을 품부해 철석처럼 강건했네

이 1956년부터 1969년까지 덕천 서원의 원임을 맡으면서 ≪덕천사우연원록≫을 편집했다. 이때 한강 정구와 동강 김우옹의 위차 문제를 두고 시비가 벌어졌다. 한강 쪽에는 후산 정재화가, 동강 쪽에는 중재(重齋) 김황(金榥, 1896~1978)이 서로 맞섰다.

392) 온몸으로 떠맡아 : 원문은 '척량(脊梁)'으로, 이것은 등골뼈이니 그 뼈가 전신을 지탱하는 역할을 함이 마치 집에 들보가 있는 것과 같다고 해서 일컫는 말이다. ≪주자어류(朱子語類)≫ 권52에, "더구나 세상이 쇠퇴하고 도가 약해진 때를 당해 더욱 꿋꿋한 척량을 써서 굽히거나 흔들림이 없어야 옳다(況當世衰道微之時, 尤用硬著脊梁, 無所屈撓方得)"라는 말이 있다.

393) 마지막 한 수 : 원문에는 '전후일착(殿後一着)'으로 되어 있다. '전후'는 후퇴하는 군대의 맨 뒤에 남아서 추격하는 적군을 막는 군대를 의미하고, '일착'은 바둑 등의 한 수를 말한다. 작자가 감당한 일을 하나의 전투에 빗대 서술한 것이다.

天賦介貞鐵石剛

라고 하기도 하고,

그 마음 강직하고 그 자태 준수해
언행은 백 가지 중 하나도 어긋남이 없었네

剛直其心峻潔姿　百不一違言與行

라고 하기도 했으니, 이것은 실제를 말한 것이라 하겠다.

부인은 동래 정씨(東萊鄭氏, 1906~1993)로 동평군(東
平君) 종(種)의 후손 두진(斗鎭)의 따님이고, 아들 하나는
채호(采鎬)이고 딸 둘은 광주인(廣州人) 이한석(李翰錫)과
이성진(李聲鎭)에게 시집을 갔다. 채호는 아들 백락(百洛)
과 우락(羽洛)을 두었으며, 딸은 아직 시집가지 않았다. 이
한석은 아들 승림(承琳)과 승보(承寶)를 두었고, 이성진은
아들 승창(承昌)과 승국(承國)을 두었다.

아! 공은 식견이 높고 정신이 툭 트여 속세를 벗어난 모습
을 갖추었으며, 단정하고 굳세어 꺾이지 않는 기상을 지녔
으니, 옛날의 이른바 강개(剛介, 굳센 사람)요, 지금의 이른
바 인영(人英, 영걸)이라 하겠다. 항상 말하기를, "선비는 마

273

땅히 예학(禮學)에 밝아야 한다"라고 하면서, 일찍이 예서를 읽을 때는 위로는 ≪의례(儀禮)≫로부터 아래로는 우리나라 선비들이 지은 책에 이르기까지 두루 수집해 함께 보았다. 의리(義理)가 쉽게 통하지 않는 곳이 있으면 옳고 그른 것을 가려 설명하지 않을 수 없었다. 이 때문에 ≪의례≫ <참최(斬衰)> 3년 조에 대해 ≪부위장자복해(父爲長子服解)≫를 지어, "'아버지가 장자를 위해'의 주석에, 적자(嫡子)라 말하지 않은 것은 상하(上下)[394]가 통하기 때문이며, 또한 적자를 세워서 장자(長子)로 삼음을 말한 것이다"[395]라는 뜻에 대해 다음과 같이 논했다.

'적자(嫡子)라 말하지 않은 것은 상하(上下)가 통하기 때문이다'라는 것은 사대부(士大夫)의 장자를 적자라 하고, 천자(天子)와 제후(諸侯)의 장자는 태자(太子), 세자

394) 상하(上下) : '상'은 천자와 제후, '하'는 대부와 사를 말한다. 적자라는 칭호는 대부와 사에게만 쓰고 천자와 제후에게는 통하지 않으며, 태자라는 칭호도 상하에 통용되지 않으므로 장자라는 명칭을 쓴 것이다. ≪의례주소(儀禮注疏)≫ 권29.
395) ≪儀禮≫ <喪服> 斬衰章, "父爲長子. 註, 不言嫡子通上下也, 亦言立嫡以長".

(世子)라 한다. 경(經)에서 태자, 세자, 적자라 하지 않고 특별히 '장(長)' 자(字)를 더한 것은, 하나의 '장' 자가 천자(天子)로부터 사서인(士庶人)까지를 포괄하기 때문이다. '또한 적자를 세워 장자(長子)로 삼음을 말한 것이다'라고 할 때의 '장' 자의 뜻은 다만 상하가 통하기 때문일 뿐만 아니라 적처 소생의 첫째 아들이 죽으면 둘째 아들이 최장(最長)이 되어 현우(賢愚)를 막론하고 둘째를 세워야 하고, 셋째 아들은 세울 수가 없다는 것을 포함한다. 또한 적실의 아들을 세워 장자의 예(例)로 할 수 있어도 첩의 아들을 세워 귀한 예(例)로는 할 수 없다는 뜻을 포함한다. 이 예(禮)가 귀천이 함께 말미암는 것이라면, 또한 적자의 의미가 상하로 통하는 때가 있어 적자를 세워 장자로 삼아야 한다는 것을 볼 수 있다.

이어서 정체(正體)396) · 전중(傳重)397)과 서자(庶子)는

---

396) 정체(正體) : 체(體)는 부자지간을 규정하는 말이고, 정(正)은 적자(嫡子) · 적손(嫡孫)을 의미한다. 따라서 정체는 적통으로서 직계 아들을 가리킨다. ≪의례경전통해속(儀禮經傳通解續)≫ 권1.
397) 전중(傳重) : 적자(嫡子)가 병에 걸렸거나 사망했을 경우, 혹 아들은 서자(庶子)인데 손자가 적손(嫡孫)이면 손자로서 할아버지를 계승하도록 하는 것을 말한다. 또한 제주(祭主)를 물려주거나 물려받는 것

장자처럼 삼년복을 입을 수 없으며, 승중(承重)을 했더라도 삼년복을 입을 수 없다는 네 가지의 설[398]을 논해서, "적자(嫡子)라 말하지 않은 것은 상하(上下)가 통하기 때문이다. 또한 적자를 세워서 장자(長子)로 삼음을 말한 것이다"라는 뜻을 모두 발명했다. 계속해서, "적손(嫡孫)이 승중일 때, 적부(嫡婦)가 시아버지의 후사가 되지 못하면 시어머니가 그를 위해 소공복(小功服)을 입는다"[399] 등을 논하면서 ≪춘

이니, 곧 종자(宗子) 또는 종손(宗孫)이 되는 것이다. ≪의례경전통해속(儀禮經傳通解續)≫ 권1.

398) 승중을 했더라도… 네 가지의 설 : 적자가 폐질(廢疾)이 있어서 종묘(宗廟)의 제사를 주관할 수 없는 경우(正體不得傳重)', '서손(庶孫)이 후사가 된 경우(傳重非正體)', '서자(庶子)가 후사가 된 경우(體而不正)', '적손(嫡孫)이 후사가 된 경우(正而不體)'를 말한다. ≪의례주소(儀禮注疏)≫ <상복(喪服)>.

399) 적부(嫡婦)가… 입는다 : ≪예기(禮記)≫ <상복소기(喪服小記)>에, "적부로서 시아버지의 후사(後嗣)가 되지 못한 자는 시어머니가 그녀를 위해 소공복(小功服)을 입는다(嫡婦不爲舅後者, 則姑爲之小功)"라고 했는데, 그 주(註)에서, "남편에게 폐질이 있거나 다른 연고가 있거나 죽어서 아들이 없어 수중하지 못한 경우다(謂夫有廢疾, 若他故, 若死而無子, 不受重者也)"라고 했다. 즉, 적인인 장자에게 무슨 사정이 있어서 부친의 뒤를 잇지 못한 경우에는 장자의 아내 즉 맏며느리의 상을 당해서 시부모가 서자(庶子)와 서부(庶婦)에 대한 상복인 소

276

추좌전≫과 ≪가례≫ 등 제설을 섞어 인용했고, 또한 '아버지가 장자를 위해 복을 입는다'는 것에 주석을 달았다. 대개 이것은 당일 일찍이 많은 시간을 들여 허다하게 논변한 것인데, 채산(蔡山) 권상규(權相圭)[400] 공은 그 후기(後記)에서, "경전의 뜻을 발휘한 것이 이같이 명확하고 지극한 것이 없었다"[401]라고 했고, 또, "지금 세상에 예가 문란해 대일통(大一統)[402]의 의리가 무너졌는데도 강론할 곳이 없어 나라

―――――
공복을 입는 것을 말한다.

400) 권상규(權相圭, 1874~1961) : 관향은 안동, 자는 치삼(致三), 호는 채산(蔡山) 혹은 인암(忍菴)이다. 을미사변이 일어나자 의병을 일으켜 항거하려 했지만 실패했다가, 1896년에 다시 의병을 일으켜 활동했다. 경술국치 이후로 세상과 인연을 끊고 동서양의 역사 서적을 구해 읽으며 저술 활동을 했다. 저서로는 ≪동국사략(東國史略)≫ 6권, ≪경제사의(經濟私議)≫, ≪인암집(忍庵集)≫ 등이 있다.

401) 權相圭, <書父爲長子服解後>, "發揮經旨, 未有若是之明且盡者也".

402) 대일통(大一統) : 천하의 제후국 모두가 중국 황제에게 복속되어 그 문물과 제도를 따르는 것을 말한다. ≪춘추≫ 은공(隱公) 원년 첫머리에 "원년춘 왕정월(元年春王正月)"이라고 한 연대 표기 방식과 관련해, <공양전(公羊傳)>에서 "어째서 왕정월이라고 했는가? 크게 하나로 통일하기 위해서나(何言乎王正月, 大 ·統也)"라고 한 말에서 나온 것이다.

에는 임금이 없고 집에는 계통이 없게 되었으며, 오늘날 천하의 욕망을 다스려서 마땅히 구제하는 것은 분수와 위계를 분명히 하고 종통(宗統)을 엄중히 하는 것보다 나은 것이 없다. 이 책이 세교(世敎)에 보탬이 되는 것이 어찌 얕으며 적다고 하겠는가! 운운(云云)"403)이라 했다.

대개 이 '부위장자복(父爲長子服)'은 우리나라에서 기해년(己亥年, 1659) 이래로 일대 쟁변(爭辨)이 되었는데,404) 다만 이 절의 문의(文儀)에 대해서는 본래 세력이 옮겨 갈바가 아니었으나, 조정에서 반포한 후 오히려 당파(黨派)의 빌미가 되어 널리 전해지고 퍼지면서 동과 서로 전도(顚倒)되는 것을 면할 수 없었다. 또 혹은 거칠게나마 대의가 귀결되는 바를 알기는 했으나, 전과 후로 현혹(眩惑)되어 예의 소종래(所從來)를 꿰뚫어 보고 명확하게 그 곡절을 말할 수

---

403) 權相圭, <書父爲長子服解後>, "今世亂禮, 壞大一統之義, 無地可講, 國無君家無統, 而馴致今日之天下欲, 救之宜, 莫如明分位重宗統, 是書之有補於世敎, 豈淺尠!"

404) 기해년… 되었는데 : 제1차 예송인 기해 예송(己亥禮訟)으로 1659년(효종 10) 효종이 죽자 자의 대비의 복상 기간을 기년(만 1년)으로 할 것인가, 3년(만 2년)으로 할 것인가에 대한 서인과 남인의 대립을 말한다.

있는 자가 드물었다. 공은 이를 근심하면서 여묘(廬墓)를 지키는 여가에 널리 고찰하고 깊게 연구해, 저것을 끌어와 이것을 증명하니 경전의 본의가 밝혀지게 되었다. 채산 옹(蔡山翁)이 즐겨 듣고 이에 대한 찬사를 보낸 것도 지극히 마땅한 일이라 하겠다.

그러나 공이 살던 시대는 오랑캐가 침략해 있었던 때로, 당시 검은 옷을 입고[緇衣], 머리를 깎고[薙髮], 상을 짧게 치르고[短喪], 제사를 폐지하고[廢祭], 성씨를 고치게[改氏] 했으니, 공의 근심과 분함이 어떠했겠는가? 혹 핍박을 당할 때는 일경(日警)을 구타하기도 하고, 또 혹은 두 번 땅을 피해요서 지역(遼西地域)405)으로 들어가 자정(自靖)의 계획을 세우기도 했다. 그러나 노모가 계셨기 때문에 돌아와 뵙지 않을 수 없었으니, 이것은 과연 어떠한 기상이었겠는가!

저 경술년(庚戌年, 1910) 이래로 사람들은 모두 일로(日虜)의 화가 사람들의 가국(家國)을 해친다는 것을 알았다. 그러나 나는 홀로 일로의 화는 사람들의 심술(心術)을 더욱

---

405) 요서 지역(遼西地域) : 중국 동북부 요하(遼河)의 서쪽 지역을 통틀어 가리키는 말이다. 요서 지역은 기원전 3세기 무렵 중국의 연(燕)나라와 우리나라의 고조선(古朝鮮)이 다툼을 벌였던 곳이기도 하다. 여기서는 만주 일대를 가리킨다.

해친다고 생각한다. 공은 남의 권세를 빌려 위세를 부리는 '호가호위(狐假虎威)'와 인간의 윤리가 뒤집힌 '전도강상(顚倒綱常)'을 싫어하고, 또 서서히 스며들어 조금씩 옮겨 가는 '침윤잠이(浸潤潛移)'와 얼버무리며 가타부타하는 바가 없는 '부앙무소가부(俯仰無所可否)'[406]를 싫어했다. 스스로 생각건대, 이 세상에 태어나서 이 세상을 위해 선(善)을 행하면 이로써 되는 것이었다. 모른 체하면서 세상에 아첨하는 사람은 분명하게 변별해 여기에 두지도 않았다. 그 구차하고 방편적인 사람들은 혹 갈관박(褐寬博, 천한 사람)에게 수모를 받지 않는 자가 만승천자에게도 수모를 받지 않는다[407]는 것을 알지 못한다면서 기롱하고 비방하기도 했다.

───────

406) 부앙무소가부(俯仰無所可否) : ≪근사록≫에, "오늘날의 향원(鄕原)은 부침(浮沈)하고 부앙(俯仰)해 가타부타하는 바가 없으니(沈浮俯仰, 無所可否), 이는 의리가 확립되지 못해 마음속에 주장하는 바가 없고 오직 남을 기쁘게 하기를 힘써서 이것으로 몸을 마치니, 바로 상도(常道)를 어지럽히기를 심하게 하는 자다"라고 했다. ≪근사록(近思錄)≫ 권12.

407) ≪맹자≫ <공손추 상(公孫丑上)>에서, "스스로 돌이켜서 정직하지 못하면 비록 갈관박(褐寬博)이라도 내 두려워하지 않겠는가? 그러나 스스로 돌이켜서 정직하다면 비록 천만 명이 있더라도 내가 가서 당당히 대적하겠다"라고 했다.

그러나 공이 사람들에게 비방을 듣는 까닭은 사람들이 옳고 그른 것을 농락해 모호하게 만드는 것을, 공이 다른 사람들에게 비방을 들으면서까지 사람들의 옳고 그른 것을 명확하게 끊어서 그것을 취사(取捨)하려고 했기 때문이다. 저들이 공을 어찌하겠는가!

예전에 내가 공의 침문(寢門)에서 공에 대해 곡을 했는데, 공이 벽에 <후산기(厚山記)>를 스스로 게시해 두었다. 처음에는 간(艮, ☶)이 아래에 있고 곤(坤, ☷)이 위에 있어 겹쳐 두면 겸(謙)이요, 합쳐 일컬으면 후산(厚山)이라 했다. 이어서 성현의 득중지도(得中之道)는 마침내 주인옹에게 경계하고 성찰하는 뜻을 전하고자 한 것이라 했다. 나는 이 글에 대해 후기를 써서, "이것은 내가 일찍 보지 못한 것인데, 곧 주인옹의 절필문(絕筆文, 마지막 글)이다. 공으로 하여금 연수를 늘려 몇 년만 더 살게 했더라면, 마침내 이 뜻과 사업을 확충해 거의 우리가 마침내 의지할 수 있게 되었을 것이다"[408]라고 했다.

지금 채호(采鎬)가 선대와 교분이 무겁다고 하면서 공의

---

408) 呂筌東, 《紫澤集》 坤, <跋厚山記>, "是吾曾所未見, 而乃主人翁絕筆也. 使公延得幾許年歲, 卒以充此志業, 庶吾黨之終有賴也".

유고(遺稿)와 손수 간추린 공의 일과 행적을 가지고 와서 눈물을 흘리면서 절하고 말하기를, "선인(先人)의 행장을 다른 곳으로 갔으나 얻지 못해 매우 근심스럽습니다"라고 했다. 말을 마치고 또 흐느끼며, "선인께서는 평소 실속 없는 말을 철저하게 경계하셨으니 혹 지나친 찬미로 지하에 계시는 선인께 근심이 되지 않게 하소서"라고 했다.

아! 옛날 한강대(寒岡臺)의 수석(水石) 사이에서 글을 읽던 날을 기억하니, 공거(蛬蚷)[409]처럼 늘 따라다니며 서로 떨어지지 않았다. 옥돌을 갈고 닦듯 학문을 하고 택선(擇善)으로 서로 도울 즈음, 의논을 하면 둘의 마음이 서로 맞아 허심탄회(虛心坦懷)하게 50년 동안 직량(直諒)하고 다문(多聞)한 좋은 벗[410]이 되었다. 종유(從遊)의 즐거움이 어제 일 같은데 공이 세상을 떠난 지 이미 11년이나 되었구나. 내기동(箕東)는 공보다 조금 뒤에 죽어 공의 행장을 쓰게 되었으니 어찌 원망스럽지 않으리오! 다만 공보다 조금 뒤에 죽

---

409) 공거(蛬蚷) : 전설 속 두 짐승 이름으로 늘 같이 따라다닌다고 한다.

410) 직량(直諒)하고 다문(多聞)한 좋은 벗 : 공자가 유익한 벗과 해로운 벗을 각각 세 가지로 들면서, 유익한 벗은 곧고[直], 성실하며[諒], 견문이 많은[多聞] 벗이라 했다. ≪논어≫ <계시(季氏)>.

으니 사양하지 않는 것이 의리일 것이다. 부끄러운 것은 뒤에 죽는 것인바, 삼가 평소 보고 느낀 것과 가정에서 듣고 경험한 것을 보태어 지으니, 세상의 지덕군자(知德君子)가 깎아 내고 선택하기를 기다린다.

해 설

≪후산졸언≫과 근대 한문학의 한 풍경

≪후산졸언≫을 주목하는 이유

　나는 왜 ≪후산졸언(厚山拙言)≫을 주목하는가? 얼핏 보면 후산(厚山) 정재화(鄭在華, 1905~1978)가 20세기 중후반에 주로 활동을 했으니, '이 시대에도 한문학이 있는가?'라고 반문할 수도 있다. 그도 그럴 것이 20세기는 1919년에 근대 전환기마저 종료되고, 1945년의 해방과 1950년의 한국 전쟁이 지나갔을 뿐만 아니라, 조국 근대화를 넘어 민주화 운동이 한창이던 시기였기 때문이다. 남한에서는 박정희가 1972년 10월 유신을 선포하면서 영구 집권을 도모했고, 북한에서도 김일성이 유일 체제를 만들어 독재를 더욱 강화해 가던 시기였다. 그럼에도 불구하고 ≪후산졸언≫은 무엇 때문에 주목받아 마땅한가?

　첫째, 근대 한문학의 일 풍경을 엿볼 수 있다는 점이다.

여기서 '근대 한문학'이라 함은 자본주의적 입장을 적극 추구하며 근대 문명을 그 소재로 수용한 한문학을 의미하는 것이 아니다. 오히려 시대는 이미 근현대에 해당하지만 그 작품이 지향하는 바는 전통과 깊이 맥이 닿아 있는 한문학이다. 이들 한문학은 근대 문명과 일정한 길항 관계를 유지하며 형성되었고, 이들 문명에 혹은 저항하고 혹은 적응하면서 문학 내용을 구성했다. 어문 생활사적 맥락으로 볼 때, 근대 전환기를 거치면서 한문 전용에서 국한문 혼용, 다시 한글 전용으로 바뀌어 갔음에도 불구하고, 이들은 한자로 어문 생활을 영위하면서 의사소통을 했다. 근대 속에 고립된 매우 특수한 존재라 하지 않을 수 없다.

후산의 경우도 마찬가지다. 그는 근대를 따라가기 위해 노력한 것이 아니라, 오히려 근대를 거부했다. 일제 강점기를 살면서 신학문은 말할 것도 없고, 창씨개명에 대해 강력히 저항했고, 흰색의 두루마기를 입고 갓과 망건에 상투를 틀었으며, 한자로 글을 써서 의사소통을 했다. 심지어 근대화 과정에서 산간벽지까지 들어온 전기마저 거부했다. <마을에는 모두 전기를 쓰지만 나는 홀로 기름 등불이라네(村盡買電吾獨油燈)>라는 작품에 이러한 사정이 잘 나타난다. 극단적인 경우이기는 하지만, 그는 근대에 살고 있었음에도 불구하고 근대 문명의 세례에서 온전히 벗어나 있었던 것이다.

전통 지식을 갖고 있었던 일군의 지식인들은 근대 사회에서 소외되었다. 그럼에도 불구하고 이들은 대학의 1~2세대 한문학과 교수들을 직·간접적으로 배출한 측면이 있다. 이 책의 작자 후산은 물론이고, 이 번역서에 등장하는 무수한 인물이 모두 근대의 전통 지식인들이다. 이 밖에도 고령의 진와(進窩) 이헌주(李憲柱 1911~2001), 합천의 춘산(春山) 이상학(李相學, 1917~2009), 칠곡의 창암(蒼巖) 이채진(李埰鎭, 1918~1997), 장성의 산암(汕巖) 변시연(邊時淵, 1922~2006), 김해의 화재(華齋) 이우섭(李雨燮, 1931~2007) 등도 모두 이러한 부류에 속한다. 따라서 이들은 근대 분과 학문 체계에서의 역할도 없지는 않았다고 하겠다.

둘째, 정리되지 않은 한문학 자료들에 관심을 가질 필요가 있다는 점이다. 크게 보아 근대화 과정에서 전통 지식은 소외되거나 폐기되지 않을 수 없었다. 경제적 사정이 조금 나은 경우는 후손가를 중심으로 문집을 발간해 이 시대 지식을 갈무리하기도 했지만, 일제 강점기와 6·25 전쟁을 경험한 전통 지식인들의 문적들은 필사 형태로 남아 있는 경우가 대부분이다. 격변기를 맞아 지난 시대의 전통 지식이 폐기되었기 때문이다. 이 자료들에 대한 수집과 정리는 우리 시대 관련 지식인들의 중요한 의무 가운데 하나라 하지 않을 수 없다. 후산의 스승이었던 성재(省齋) 정재기(鄭在

虁, 1857~1919)의 경우도 예외가 아니다.

후산은 자신이 쓴 글을 ≪후산졸언(厚山拙言)≫이라는 이름으로 정리해 두었다. 이 필사본은 모두 5책으로 구성되어 있는데, 분량은 조금씩 다르다. 여기에 ≪의례≫ <참최(斬衰)> 3년 조를 세밀하게 풀이한 ≪부위장자복해(父爲長子腹解)≫라는 예서 1책을 더하면, 도합 6책이다. ≪후산졸언≫도 원래부터 같은 이름으로 시작된 것은 아니다. 1책에서 3책까지는 ≪수초(手草)≫로 되어 있고, 4책과 5책이 ≪후산졸언≫으로 되어 있기 때문이다. ≪부위장자복해≫는 별본으로 독립되어 있다. 초서와 행서, 그리고 해서가 섞여 있으며, 체계도 일정하지가 않다. 대체로 연대순으로 기록해 둔 것인데, 21세에 쓴 <삼종숙의 만취정 시운에 차운함(次三從叔晩翠亭韻)>이 가장 앞에 실려 있다.

≪후산졸언≫은 다양한 문체를 포괄한다. 시(詩) 108제 170수, 명(銘) 2편, 서(書) 81편, 서(序) 8편, 기(記) 10편, 발(跋) 2편, 논설(論說) 5편, 상량문(上梁文) 3편, 축문(祝文) 10편, 제문(祭文) 25편, 애사(哀辭) 1편, 묘지(墓誌) 17편, 행장(行狀) 2편, 전(傳) 1편, 잡저(雜著) 5편이 그것이다. 이 밖에도 광주 이씨에게 시집을 간 딸이나 며느리에게 쓴 한글 편지, 한려 시비(寒旅是非) 당시 자신의 생각을 널리 알리기 위해서 쓴 국한문 혼용체로 된 논설 <한강 문인(寒岡

門人)이 여헌(旅軒)입니다>, 입암(立巖)을 두고 청휘당(晴暉堂) 이승(李承, 1552~1598) 가문과의 시비를 기록한 ≪입암변무록(立巖辨誣錄)≫ 등이 있다. ≪후산졸언≫ 가운데 미처 갈무리되지 못한 편지나 기문도 여럿 있어 후산이 남긴 글은 이보다 훨씬 많다.

셋째, 경험적 탐구가 가능하다는 점이다. 우리에게 연구 자료로 제시되는 한문학 텍스트, 그 주인공은 모두가 고인들이다. 연구자의 관심사에 따라 선택되는 옛 작가들이기 때문이다. 그러나 후산의 경우는 이와 조금 다르다. 바로 필자인 나의 할아버지이기 때문이다. 할아버지는 나에게 어릴 때부터 전통 학문을 가르치셨다. 낮에는 등교를 해야 하니, 아침저녁으로 시간을 정해 놓고 서산(書算)을 꼽아 가며 일정한 분량의 교재를 읽게 했다. 당시 읽었던 것은 ≪천자문(千字文)≫, ≪동몽선습(童蒙先習)≫, ≪명심보감(明心寶鑑)≫, ≪소학(小學)≫, ≪통감절요(通鑑節要)≫ 등이었다. 그리고 시간이 나는 대로 영(永)·송(宋)·을(乙)·과(戈)·지(之)·법(法)을 습자(習字)하게 했다.

지난 2017년 중국 베이징대의 한국어 교재에 나의 글 한 편이 실렸다. <매화 그늘을 서성이며>(왕단 주편, ≪고급한국어(高級韩国语)≫, 베이징대학출판사, 2017)라는 수필이 그것이다. 이 글은 이보다 앞서 <梅花树影下的徘徊>라

289

는 제목으로 중국 일간지 <옌푸다중바오(盐阜大众报)>
(2016년 5월 6일자)에 실렸던 것이다. 나는 여기서 어릴 때
할아버지로부터 전통 학문을 배웠던 것을 기억하며 그 소회
를 밝혔다. <매화>라는 작품을 소개하고, '무엇 때문에 할
아버지께서는 잠 못 이루고 달 밝은 밤 매화 향기에 이끌려
그 그림자 사이를 서성이셨을까?'라는 의문을 제기하며 할아
버지에 대한 나의 그리운 마음을 드러내기도 했다.

　근대 문학과 달리 전통 문학은 작자와 비평가의 만남이 지
극히 드물다. 거의 없다고 해도 과언이 아니다. 나의 경우, 할
아버지의 작품을 번역하고 그 문학 세계를 되짚어 보는 것이
기 때문에 특별한 의미가 있다. 작가로서의 할아버지 삶과 비
평가로서의 내 삶이 일정 부분 겹쳐져 있기 때문이다. 이로써
자연스럽게 텍스트를 누구보다 잘 이해할 수 있다. 이러한 장
점이 있음에도 불구하고, 접근 대상이 직계 할아버지라는 측
면에서 문제가 될 수도 있다. 객관성을 유지하기가 쉽지 않기
때문이다. 그러나 1차 자료가 구비되어 있지 않은 현 단계로
서는 이 작업을 누구에게 맡길 수도 없는 노릇이다.

　일찍이 남명(南冥) 조식(曺植, 1501~1572)은 그의 아버
지 조언형의 비문을 쓰면서, "말할 만한 덕이 없다면, 아첨하
는 말이 되어서 나의 아버지를 속이는 것이고, 남을 속이는
행동이 되어 나의 아버지를 부끄럽게 만드는 것이다. 아버

지를 속이거나 아버지를 부끄럽게 하는 것은 나 또한 차마 하지 못할 일이다"라고 한 바 있다. 그리고 나의 아버지 역시 할아버지에 대한 행장을 여기동(呂箕東, 1911~2000)에게 의뢰하면서, "선인께서는 평소 실속 없는 말을 철저하게 경계하셨으니 혹 지나친 찬미로 지하에 계시는 선인께 근심이 되지 않게 하소서"라고 했다고 한다. 이 글 역시 이러한 태도하에 작성할 것임은 물론이다.

이 번역서는 크게 세 부분으로 나뉜다. 시(詩), 문(文), 행장(行狀)이 그것이다. 시는 170수로 완역(完譯)을 했고, 문은 초역(抄譯)을 했다. 먼저 후산의 학통을 이해하는 데 도움이 되는 <사종형 성재 공 묘도비명(四從兄省齋公墓道碑銘)>과 <뇌헌 공 행장(磊軒公行狀)>을 번역해 실었다. 앞의 글은 정재기(鄭在夔)의 묘도비명이고, 뒤의 글은 정종호(鄭宗鎬, 1875~1956)의 행장인데, 모두 후산의 스승이다. 이를 통해 그의 학통을 분명하게 할 수 있다. 그리고 문에는 <후산기(厚山記)>도 실었다. 이 글에 후산의 사유 방식과 지향 의식이 가장 명시적으로 드러나 있기 때문이다. 행장은 동문 여기동(呂箕東)이 썼다. 이 글을 통해 후산의 삶을 대체적으로 알 수 있을 것이다.

후산 정재화의 삶과 학통

후산이 살았던 20세기는 격변기였다. 조선 시대가 마감되고, 제1, 2차로 나누어지는 세계 대전이 발발했으며, 이로 인해 파시즘을 비롯한 군국주의와 UN이 등장했다. 식민지 국가들이 독립을 하고, 다시 공산주의와 자본주의의 극한 대립을 거쳐, 비약적인 기술 발달로 인해 최초의 인터넷이 발명되어 세계는 비로소 한 지붕 속으로 들어오게 되었다. 농업 사회가 몰락하고, 기계, 전기, 컴퓨터로 이어지는 산업 혁명이 급속히 전개되었던 것이다. 후산은 경상도 성주 지역의 작은 농촌 마을에서 태어나 기계와 전기에 의해 변화하는 생활상을 목도하면서 살았다. 이를 염두에 두면서 이제 그의 삶과 학통 문제를 <행장> 등을 참고하며 살펴보기로 하자.

먼저, 그의 삶에 대해서다. 후산의 관향은 청주, 휘는 재화(在華), 자는 자실(子實)로 후산은 그의 호다. 그는 한강 정구의 13대손으로 성주군 수륜면 지촌에서 아버지 복용(福容, 1866~1918)과 어머니 서흥 김씨(瑞興金氏, 1876~1942) 사이에서 1남 1녀 중 둘째로 태어났다. 1905년 음력 5월 18일의 일이다. 초명은 문석(文石)으로, 아버지가 큰 비석에 커다랗게 새겨진 붉은 글씨를 쓰다듬는 태몽을 꾸었기 때문이라고 한다. 어머니가 회임한 지 8개월 만에 출생했는데, 이로써 그는 어릴 때 신체가 허약했고, 미목(眉目)은 그림 같았다고 한다. 후산의 성장 과정에는 어머니의 사랑이 크게 작동했던 것으로 보인다. 다음 자료를 보자.

김 부인이 눈물을 흘리며 깨우쳐 주시기를, "나는 외로운 과부여서 고인(古人)의 '과부의 아들은 드러남이 있지 않으면 그와 더불어 벗하지 않는다'라는 경계를 면하기 어려울 것이다. 너는 더욱 조심하기 바란다"라고 했다. 그리고 일찍이 서당으로 가는 길에 있는 더러운 오물(汚物)을 쓸어 편하게 가고 올 수 있게 했다.

김제춘, <후산 정 공 묘갈명 병서
(厚山鄭公墓碣銘幷序)>

김제춘(金濟春)이 쓴 묘갈명의 일부다. 어머니 김씨 부인은 ≪예기(禮記)≫ <곡례(曲禮)> 하편 등에 보이는 고인의 말로 후산을 경계했고, 새벽마다 집에서 서당까지 이르는 길을 쓸었다. 혹시 간밤에 개 등의 짐승들이 눈 똥을 후산이 밟을까 염려해서였다. 이 때문에 <행장>에서 여기동은 "생각건대 공의 성취에 대한 시종(始終)은 스스로 뜻을 세운 것도 있어 비록 그 기질의 아름다움과 학문의 독실함이 있었다고 하더라도, 또한 선부인께서 힘써 돌보아 주지 않았너라면 반

293

드시 이루어졌다고 하지는 못할 것이다"라고 할 수 있었다.

후산은 8세부터 정재기의 문하에 들어가 8년 동안 수학했으며, 이후 정종호의 문하에 나아가 수업했다. 이 과정에서 그는 사서육경(四書六經) 외에 한유(韓愈)·유종원(柳宗元)·구양수(歐陽脩)·소식(蘇軾) 등의 글을 읽어 그 귀취(歸趣)를 회통해 보지 않은 것이 없었다고 한다. 특히 정재기의 문하에서 ≪한사(漢史, 한서)≫를 읽으면서, 정재기가 소광(蕭廣)이 "늙어서 감옥에 들어가 구차하게 살아남기를 구하는 것은 또한 비루하지 않은가?"라고 한 대목에 이르러서 거듭 탄식해 마지않는 것을 보기도 했다.

후산은 효우(孝友)가 남달랐다. 1918년 조모상을 당한지 6일 만에 다시 부친상을 당했는데, 그때 후산의 나이 14세였다. 당시 일제는 공묘법(共墓法)을 시행하고 있었다. 이에 후산은 조모와 부친을 임시로 가매장해 두었다가 위험을 무릅쓰고 마침내 선영에 안장했다. 어머니에 대한 효성은 특별히 지극한 것이었다. 일제 치하에서 단발에 반발하며 일경(日警)을 벼루로 타격하고, 두 번씩이나 만주로 들어가 자정(自靖)의 계획을 세웠으나, 돌아오지 않을 수 없었던 것도 노모가 계셨기 때문이었다. 김씨 부인이 세상을 뜨자, 지사서(地師書, 풍수서)를 공부하며 묏자리를 찾았고, 관의 틈을 송지(松脂, 송진)로 메우는 등, 그가 스스로 할 수 있는 것은 하지 않은 것이 없었다.

그의 우애는 이우흠(李愚欽, 1898~1960)에게 시집간 손위 누이 정갑문(鄭甲文, 1899~1919)과의 일화를 통해서 잘 나타난다. 누이가 수중다리 병으로 위독해져서 시집에서 간호하기가 어렵게 되자, 그는 상복을 입은 채로 병든 누이를 집으로 데려와 약을 제조해 먹이며 여러 달을 백방(百方)으로 노력했다. 그러나 차도가 없자 마침내 들것에 들려 시가로 돌려보내 운명(殞命)을 맞도록 했다. 이 역시 그가 어린 나이에 감당할 수 없었음에도 감당했던, 지극한 행실이라고 하지 않을 수 없다.

효우는 제가의 기반이고, 제가는 치국의 기반이다. 1905년 을사늑약으로부터 시작된 그의 생애는, 1910년 경술국치, 1919년 3·1 만세 운동과 파리 장서 운동, 1945년 민족 해방, 1950년 6·25 전쟁을 고스란히 경험했다. 이 가운데 41세에 맞이한 해방은 그에게 커다란 희망을 안겨 주는 것이 아닐 수 없었다. 일제는 다양한 방식으로 그의 삶을 압박해 왔는데, 해방은 자연스럽게 이로부터 벗어날 수 있게 했기 때문이다. 당시 후산의 마음은 독립한 민주 공화국의 기(旗)를 도안하는 것으로 구체화되어 나타났다. 고문서의 형태로 남아 있는 이 도안과 글에는 그의 국가관이 뚜렷하다. 전문을 보이면 다음과 같다.

＜민주공화국기도설(民主共和國旗圖說)＞

나라는 기(旗)로써 표현한다. 기를 보면 그 나라를 알게 되니 기의 의미가 어찌 작다고 하겠는가? 돌아보건대, 지금 조선의 독립이 비로소 시작되었으니, 오색을 사용해서 국기를 만들고자 한다. 오색은 천지(天地)와 사방(四方)과 중앙(中央)의 색이니, 즉 수·화·목·금·토다. 하늘에 있으면 사덕(四德)이 되고, 세(歲)에 있으면 사시(四時)가 되며, 사람에게 있으면 오성(五性)이 된다. 하나의 이치가 수많은 사물에 관철되어 하나라도 갖

296

추어져 있지 않은 것이 없다. 대개 '동-청(靑)', '서-백(白)', '남-주(朱)', '북-흑(黑)', '중-황(黃)'은 천지의 정위(定位)를 상징한 것이다.

천지를 국가(國家)에 견준다면, 중앙은 정부(政府)에 비견할 수 있어 사방과 서로 교류하면서 힘을 아우른다. 이미 안을 포함하면서도 또한 밖을 안고 있으니, 이는 정부를 보호하는 지극한 뜻이라 하겠다. 중앙의 그림은 조금의 치우침과 의지함도 없고, 원만해 조금의 흠결도 없으며, 그 사사로움과 편당(偏黨)도 없이 한결같이 사방을 본다는 것을 의미한다. 주위를 공(工) 자로 그린 것은 대개 국중(國中)의 치사(治事)와 수업(修業)은 공도(工道) 아닌 것이 없어서 국가를 위해 부지런히 일하고 게으름이 없어야 한다는 뜻이다.

기(旗)의 전체는 모나지 않은 바퀴처럼 되어 있다. 바퀴는 둥글고, 둥근 것은 움직이고, 움직이는 것은 살아 있다. 해와 달은 둥글면서 움직인다. 여러 학설을 살펴보건대, 하늘은 둥글면서도 움직이고, 땅도 공처럼 둥글어 움직인다. 둥근 바퀴가 살아 움직이며 순환하는 것은 천도가 유행(流行)해 쉼이 없다는 것을 상징하는 것으로, 국가의 복이 이와 같아 끝이 없어야 함을 축원한 것이다. 또 듣건대, 국가는 민주(民主)로써 백성을 다스린다고 한다. 깃기 그 좋아하는 바를 따르되 군자의 무리를 이루게 되면 푸르고 흰 것은 푸르고 흰 것을 따르고, 붉고 검은 것은 붉고 검은 것을 따라 색깔별로 비록 나누어져 있다고 하더라도 그 나라를 위해서는 서로 합심해 함께 화평[共和]을 이루게 되나니 충성을 바쳐 자기를 다한다. 아울러 중앙에 있는 정부로 함께 나아가되 사방의 민력에 근본하지 않는 것이 없다. 이것이 어찌 민주 공화국(民主共和國)의 국기가 아니겠는가?

정재화, <민주 공화국기 도설(民主共和國旗圖説)>

이 글이 지닌 논리는 지극히 명료하다. 민주 공화국을 표방하니, 사방의 청(青)·백(白)·주(朱)·흑(黑)이 있듯이 개인으로서의 자유를 마음껏 누릴 수 있어야 한다고 했다. 그러나 다른 한편으로는 중앙의 정부를 중심으로 합심해서 부지런히 일하며 국가의 공영에 이바지할 수 있어야 한다고 했다. '민주(民主)'의 개인과 '공화(共和)'의 국가를 함께 고려한 것이다. 이를 전통 유가 사상에 입각해, 스스로를 다하는 것[진기(盡己)]이 공동체적 안녕의 근간인 '충(忠)'과 결부되어 있음을 보였다. 자유와 질서도 이로써 확보할 수 있다고 믿었던 것이다.

후산은 국가에 의한 개인의 일방적 희생이나, 개인에 의한 국가의 완전한 방기를 모두 거부했다. 개인과 국가가 공영하는 사회를 이상적인 형태로 보고, 민주와 공화, 자유와 질서의 교호 작용(交互作用)을 중시했다. 그 핵심에 '진기지 위충(盡己之謂忠)'이라는 유가 논리가 있음을 보이기도 했다. 그러나 세상은 후산의 생각대로 흘러가지 않았다. 해방 후 한국은 좌우의 극한 대립과 6·25 전쟁으로 치닫고 있었다. 이 때문에 그는 자신의 집안과 가문을 염두에 두지 않을 수 없었다. 이와 관련해 족보에서는 후산을 이렇게 평가하고 있다.

> 고종 을사생(乙巳生, 1905)으로 품성이 강직하고 조행(操行)이 방정해 의리에는 믿는 바를 굽히지 않았다. 문중(門中)의 크고 작은 일과 회연 서원(檜淵書院) 관련 일이 발생하면 제반의 일을 맡아 관장하고 처리했다. 문장과 행실로 향도(鄕道)에서 저명했다.
>
> ≪청주 정씨 문목공파 세보(淸州鄭氏文穆公派世譜)≫

일찍이 여기동은 후산에 대해, "공은 식견이 높고 정신이 툭 트여 속세를 벗어난 모습을 갖추었고, 단정하고 굳세어 꺾이지 않는 기상을 지녔으니, 옛날의 이른바 강개(剛介, 굳센 사람)요, 지금의 이른바 인영(人英, 영걸)이라 하겠다"라고 했다. 후산의 강직한 품성을 말한 것이다. 이러한 성품으로 문중 대소사와 회연 서원의 일을 맡아서 처리하면서, 다양한 시비에 휘말리지 않을 수 없었다. 1950년대 말 무흘구곡 제4곡인 입암(立巖) 각자를 두고 벌인 청휘당(晴暉堂) 이승(李承) 집안과의 입암 시비, 1960년대 초반 덕천 서원에서 ≪덕천사우연원록(德川師友淵源錄)≫을 발간하면서 발생한 한강과 동강의 위차 시비, 1960년대 후반 회연 서원에서 ≪회연급문제현록(檜淵及門諸賢錄)≫을 발간하면서 일어났던 한강과 여헌의 사승 시비 등이 모두 그것이다. 이러한 일들에는 비난이 따르지 않을 수 없었고, 그 근원에는 그의 숭조 의식과 함께 공의(公義)에 대한 인식이 작동하고 있었다. 다음 자료를 보자.

공이 사람들에게 비방을 듣는 까닭은 사람들이 옳고 그른 것을 농락해 모호하게 만드는 것을, 공이 다른 사람들에게 비방을 들으면서까지 사람들의 옳고 그른 것을 명확하게 끊어서 그것을 취사(取捨)하려고 했기 때문이다. 저들이 공을 어찌하겠는가!

　　여기동, <정후산 자실 행장(鄭厚山子實行狀)>

위의 자료에서 우리는 후산이 강개(剛介)와 인영(人英)으로 평가되었던 이유를 비로소 알게 된다. 그것은 그가 '의

300

(義)'를 기준으로 시비(是非)를 가리고 취사(取捨)를 선택했기 때문이었다. 후산이 특히 비판했던 사람은 남의 권세를 빌려 위세를 부리는[호가호위(狐假虎威)] 경우, 인간의 윤리를 뒤집는[전도강상(顚倒綱常)] 경우, 서서히 스며들어 조금씩 옮겨 가는[침윤잠이(浸潤潛移)] 경우, 얼버무리며 가타부타하는 바가 없는[부앙무소가부(俯仰無所可否)] 경우였다. 우리는 여기서 그의 비판이 단순한 문중 보호의 차원을 훨씬 넘어서고 있다는 사실을 알게 된다.

후산의 만년은 비교적 평온했다. 자연을 새롭게 자각하며 독서와 양성(養性)으로 소일했기 때문이다. 만년에 쓴 <봄날 시냇가에서 읊조림(春日川上吟)>에서 볼 수 있듯이 물고기가 뛰었다 잠기는 우주의 생명력을 감지하면서, 자신이 하늘로부터 부여받은 본성을 회복하기 위해서 노력했던 것이다. "어찌 하늘로부터 받은 것이 없겠는가? 내가 지닌 마음을 불러일으켜야 하리(豈無天受者, 喚起自吾持)"라는 최후의 시에서도 이러한 사실은 잘 나타난다. 우리는 여기서 백발이 성성한 나이에도 소년 시절의 꿈과 믿음을 잃지 않고 노력했던 후산을 만나게 된다. 그는 태어난 해로부터 73년 되던 해, 1978년 음력 1월 18일에 세상을 떠났다.

다음으로 후산의 학통에 대해서 알아보자. 이 문제는 그의 13대조 한강의 학통과 밀접하게 결합되지 않을 수 없다.

301

한강은 21세에 퇴계 이황을, 24세에 남명 조식을 찾아가 스승으로 섬기면서 영남의 양대 학파를 회통하게 된다. 이러한 의식하에 후산은 도산 서원과 덕천 서원의 재유사(齋有司) 혹은 대축(大祝)으로 참여해 선현의 덕을 기렸다. 특히 1965년 도산 서원 춘향(春享)에 나아가 퇴계가 손수 쓴 '신기독(愼其獨)'·'무불경(毋不敬)'·'사무사(思無邪)'의 인쇄본을 가져와서 벽 사이에 걸어 두고 경계하고 성찰하는 자료로 삼기도 했다. 위로는 한훤당 김굉필의 도동 서원과 회재 이언적의 옥산 서원을 심방했고, 아래로는 한강 대조에게서 이어지는 가학을 전수받았던 것이다.

한훤당 김굉필→정암 조광조→회재 이언적→퇴계 이황으로 이어지는 학통이 선조 한강으로 수렴되면서 후산의 가학 연원이 형성된다. 특히 정재기와 정종호를 스승으로 모시면서 한강 정구→미수 허목→성호 이익으로 이어지는 근기 실학의 학통 역시 수렴되었다. 정종호의 장인이 대눌 노상익이며, 노상익은 동생 소눌 노상직과 함께 성호학을 계승한 성재 허전의 문인이었기 때문이다. 이러한 연유로 후산은 밀양을 중심으로 형성되어 있었던 성호학파의 장로들과 깊은 교유를 하면서 학술 활동을 벌였고, 이들이 세상을 떠났을 때는 만사를 지어 애도해 마지않았다. 소눌 노상직과 금주 허채의 경우를 들어 보자.

3월 금곡 언덕에서 눌옹(訥翁)을 장사하니

눌옹의 사업, 누가 있어 이 같을꼬

10대의 유업을 이어받은 옥촌(沃村)의 후예

일방의 명정(銘旌)이 성문(性門)을 공허하게 하네

三月金陵葬訥翁　訥翁事業有誰同

十代氈靑沃老後　一方幟赤性門空

　정재화, <소눌 노상직에 대한 만사(挽盧小訥 相稷)>

강상의 도는 모두 사라져 버렸고

그 나머지는 말할 겨를도 없다네

우리 영남의 몇 분 장로께서

옛 철인을 이은 것은 얼마나 다행이었던가

살아 계실 때 이미 세상 교화를 도왔지만

돌아가심에 어찌 모든 것이 갑자기 끝나는고

하물며 공은 정맥에 연원하시어

냉천(冷泉)을 일찍부터 스승 삼았다네

綱常道盡消　其餘不遑說

吾嶺數長老　何幸繼往哲

存旣扶世敎　沒何總瞥霎

況公淵源正　冷泉早立雪

　　정재화, <금주 허채에 대한 만사(挽許錦洲 埰)>

　앞의 작품은 노상직에 대한 만사 세 수 가운데 한 수이고, 뒤의 작품은 허채에 대한 만사 가운데 일부다. 앞의 작품에서 후산은 '옥촌'과 '성문'을 함께 들었다. 옥촌은 한강의 제자 노극홍(盧克弘, 1553~1625)의 호이고, 성문은 성재 문하를 뜻하니 그의 제자라는 의미다. 뒤의 작품은 그 연원을 더욱 구체적으로 제시하고 있다. 마지막 두 줄에서 보듯이, 허채는 정맥을 연원으로 하며, 냉천(冷泉, 서울 돈의문 밖에 있었던 허전의 마지막 강학지), 즉 허전의 제자라는 것을 강조했다. 우리는 여기서 후산의 학통이 한강을 중심으로 한 가학을 연원으로 하면서, 근기 지역의 성호 학맥에도 맞닿아 있다는 것을 알게 된다.

　그렇다면 후산이 지결로 삼았던 공부는 어떤 것이었을까? 바로 심학(心學)과 예학(禮學)이었다. 이 둘이 한강학의 핵심이라는 사실을 인지할 때, 이것은 전혀 낯선 일이 아니다. 퇴계가 강조한 '신기독(愼其獨)' 등의 글귀를 중시한 것도 그러하지만, 서안에는 항상 한강이 편찬한 ≪심경발휘(心經發揮)≫가 놓여 있었으며, 이것으로 가학의 본원지지(本原之地)를 삼고자 했다. ≪심경발휘≫가 '경'을 특별히 강조했던 사실을 감안한다면, 요순의 심법이 우(禹)·탕(湯)과 공자를 거쳐 주자, 퇴계, 한강으로 이어진다는 사실을 그 스스로 깨달았을 것이다. 많은 상사(喪事)를 겪으면서 예학은 그에게 절박한 것이었다. 이 때문에 한강의 ≪오선생예설분류(五先生禮說分類)≫를 즐겨 읽었고, 지애 정위의 ≪가례휘통(家禮彙通)≫ 역시 서안에 두고 참고했다. 다음 자료를 보자.

> 항상 말하기를, "선비는 마땅히 예학(禮學)에 밝아야 한다"라고 하면서, 일찍이 예서를 읽을 때는 위로는 ≪의례(儀禮)≫로부터 아래로는 우리나라 선비들이 지은 책에 이르기까지 두루 수집해 함께 보았다. 의리(義理)가 쉽게 통하지 않는 곳이 있으면 옳고 그른 것을 가려 설명하지 않을 수 없었다. 이 때문에 ≪의례≫ <참최(斬衰)> 3년 조에 대해 ≪부위장자복해(父爲長子服解)≫를 지어, "'아버지가 장자를 위해'의 주석에, 적자(嫡子)라 말하지 않은 것은 상하(上下)가 통하기 때문이며, 또한 적자를 세워서 장자(長子)로 삼음을 말한 것이다"라는 뜻에 대해 다음과 같이 논했다.
>
> 여기동, <정후산 자실 행장(鄭厚山子實行狀)>

여기동이 후산의 <행장>에서 한 관련 발언이다. 후산은 오랜 상중에 예학 공부를 치밀하게 했는데, 그 연원에 선조 한강과 지애가 있었음은 물론이다. 이 과정에서 그는 ≪부위장자복해(父爲長子服解)≫를 지어 무너진 강상의 의리를 바로잡고자 했다. 이를 두고 채산(蔡山) 권상규(權相圭, 1874~1961)는 후산의 글에 발문을 써서, "경전의 뜻을 발휘한 것이 이같이 명확하고 지극한 것이 없었다"라고 했고, 또한, "지금 세상에 예가 문란해 대일통(大一統)의 의리가 무너졌는데도 강론할 곳이 없어 나라에는 임금이 없고 집에는 계통이 없게 되었으며, 오늘날 천하의 욕망을 다스려서 마땅히 구제하는 것은 분수와 위계를 분명히 하고 종통(宗統)을 엄중히 하는 것보다 나은 것이 없다. 이 책이 세교(世敎)에 보탬이 되는 것이 어찌 얕으며 적다고 하겠는가!"라고 할 수 있었다.

그리고 이 학통 속에 빠뜨릴 수 없는 부분이 있다. 그것은 바로 행의(行義)에 대한 문제다. 이와 관련해서 우리는 파리 강화 회의에 한국의 독립 요구를 밝히고 독립을 청원하기 위해 유림단이 벌인 파리 장서 운동을 들 수 있다. 이 운동에 성주에서는 한주 이진상의 제자들이, 밀양과 김해에서는 성재 허전의 제자들이 대거 참여했다. 이들과 학맥 관계를 형성하고 있었던 정재기는 파리 장서에 서명 후 성주

306

경찰서의 출두 요구를 거절하며 자결했고, 정종호는 파리 장서를 다른 사람에게 전달한 것이 발각되어 대구 감옥에서 옥고를 치렀다. 모두가 후산의 스승들이다. 당시 후산은 15세로 이 운동에 참여할 처지가 아닌 데다, 조모와 부친의 상중이기도 했다. 그리고 집안을 지켜야 한다며 장로들이 만류하기도 했다. 그러나 이후 일경(日警)에 대한 구타, 두 차례의 만주 망명 기도는 모두 그의 행의에 기반한 것이라 하겠다.

후산의 시대 20세기는 농업 사회가 서서히 몰락해 가고 산업 사회로 이어지는 격변기에 해당한다. 그러나 그는 여기에 적응하면서 살아가기 위해 노력했던 것이 아니라, 오히려 전통 문화와 학문을 지키며 고도(古道)를 회복하고자 했다. 효우는 그에게 매우 중요한 요소였지만, 광복을 맞으며, '새로운 국가는 어떤 형태여야 하는가'를 고민하면서 민주 공화국의 깃발을 스스로 도안하기도 했다. 그의 학통은 퇴계를 거쳐 한강으로 내려오는 가학적 전통하에 성호학이라는 근기 실학을 접목하면서 형성되었다고 할 수 있다. 이러한 학통 속에서 심학과 예학을 학문의 본령으로 삼으면서도 행의(行義)를 중시했다. 즉, 후산은 한편으로는 심학으로 자신의 심성을 수양하고, 다른 한편으로는 예학으로 사회적 질서를 회복하면서 의를 실천하고자 했던 것이다.

후산 시에 나타난 애도, 학문, 서정

후산은 도(道)와 문(文)을 함께 온전히 하고자 했다. 일찍이 도와 문의 관계는 중도경문(重道輕文), 중도불경문(重道不輕文), 재도론(載道論), 관도론(貫道論), 경문일치(經文一致) 등의 용어와 함께 다양하게 논의되어 왔다. 후산은 사서육경을 공부하는 한편, 소식(蘇軾, 1037~1101) 등의 글도 꾸준히 읽으며 문장 공부를 지속했다. 이러한 문과 도의 중시는 송홍눌(宋鴻訥, 1878~1944)의 만사에서, "문장 또한 우리 선비들의 일이니, 화려하고 아름다운 시가 음률로 울리었네"라고 하거나, 이정기(李貞基, 1872~1945)의 만사에서, "도로써 문장을 알고 문장에도 도가 실려 있으니, 후학을 열어 줌이 한쪽만 뛰어난 것이 아니었네"라고 한 데서 확인할 수 있다.

이상학(李相學)은 <후산 처사 문집 서(厚山處士文集序)>에서 도와 문의 관계를 '예(禮)'와 '문(文)'의 관계로 환치해 후산을 이해했다. 즉, "대저 학문을 함에 예가 가장 중하고 문이 그다음인 것은 무슨 까닭에서인가? 문으로써 도를 싣고, 예로써 도를 행하는 것이다. 그런 까닭에 공부자는,

'행하고 남은 힘이 있거든 곧 글을 배울 것이다'라고 말했다. 안연이 공부자를 칭송해 '널리 문을 익혀 예로써 요약한다'라고 하셨으니 문이 넓지 않은즉 널리 알 수가 없고, 예로 요약하지 않으면 돈독하게 행할 수가 없는 것이니 반드시 문과 예를 겸비한 연후에 빛나는 군자를 이루었다 할 것이다. 후산 처사 청주 정 공이 거의 여기에 가깝다"라고 한 것이 그 것이다.

후산은 참신한 시 창작을 위해서 상당한 수련을 했던 것으로 보인다. 후산가에 전해지는 고문서 가운데 <시율렴법(詩律簾法)>이 있어, 그의 작시에 대한 고심이 오롯이 남아 있기 때문이다. 즉, 붓두껍에 인주를 찍어 글자의 숫자대로 배열한 후 각 형식에 따라 어떻게 염(簾)을 맞추어 가야 하는가를 그림으로 나타내고 있다. 구체적으로 제시한 염법은 '접항렴(接項簾)', '접요렴(接腰簾)', '교고렴(交股簾)', '환미렴(換尾簾)', '개미렴(開眉簾)', '절요렴(絶腰簾)', '오체렴(吳體簾)', '격구렴(隔句簾)', '수미호쇄렴(首尾互鎖簾)', '신증환두렴(新增換頭簾)' 등이다. 이는 근체시에서 흔히 사용되지 않는 이체시(異體詩)의 염법(簾法)이라는 측면에서, 작시에 대한 후산의 특별한 관심을 읽을 수 있는 부분이라 하겠다. 이렇게 공부한 것으로 후산은 애도와 학문, 그리고 서정을 위한 작품을 남겼다. 이를 차례대로 살펴보자.

첫째, 애도와 관련한 작품에 대해서다. 후산의 시를 형식적 측면에서 개괄해 보면, 7언 절구가 101수, 7언 율시가 27수, 5언 절구가 29수, 5언 율시가 3수, 장율 및 고시가 10수로, 도합 108제 170수다. 이 가운데 만사와 제문이 64제 122수로 71.8%에 해당한다. 만사가 특별히 많은 이유는 그와 도의를 함께했던 동지들과의 이별을 특별히 안타까워했기 때문이다. 권상규로 시작되는 ≪지구록(知舊錄)≫에는 후산과 교유했던 사람들이 전국적 범위에서 등장한다. 그러나 만사의 경우로 한정하면, 성주가 34인으로 가장 많고, 그다음이 칠곡 8인, 밀양·안동 5인, 김천 2인, 고령·영일·의령·창녕·경주·합천·달성·영천 각 1인순이다. 이 가운데 한 수를 들어 보면 다음과 같다.

성헌 선생을 뵙고자 했더니
오늘 성헌의 부고를 받았네
뵙지도 못하고 말도 듣지 못했으니
사문은 어찌하여 하나같이 잘못되어 가는고
성헌 선생에게 도를 들었나니
학술은 장구에 있는 것이 아니라 했네
급변하는 세상을 사절하고
성품과 마음을 가슴 깊이 연구했네

천 가닥으로 나누어진 것을 거두어들여
이 하나의 근원으로 돌아가게 했네
도는 행하기 어려운 것이 아니라
일상생활의 평탄한 길이라네
선학을 이어받아 정성이 간절하고
후학에 넉넉해 업을 공고히 했다네
편안하고 고요한 경지에 실지로 거닐어
사물과 내가 서로 어긋남이 없었네
뜻을 보존해 조금도 부끄러움이 없었고
문을 걸어 닫고 홀로 경계하며 두려워했네
조심하고 더욱 조심해
팔순의 저물녘까지 이르렀네
오래된 도덕과 명망으로
남방의 선비들을 인도해 주시길 바랐더니
돌아가신 날이 일찍이 언제였던가
상여가 장차 떠나려고 하는구나
아아! 지금은 어떤 세상인가
천지가 긴 밤 속으로 들어가려고 하네
어르신의 덕도 함께 떠나니
나의 눈물이 강물처럼 쏟아지누나

欲見省軒子　今見省軒詿

不見且莫說　斯文一何誤
聞道省軒子　學術非章句
謝絶俯仰世　性心究肺腑
收這千縷分　歸此一原做
道非難行者　日用平坦路
逑先誠懇到　裕後業鞏固
脚踏恬靜地　物我無相忤
志存無愧怍　閉門獨戒懼
戰戰復兢兢　以至八旬暮
庶幾宿德望　導率南士趨
奠夢曾幾日　柳車行將駕
嗟嗟今何世　地天入長夜
丈德幷與逝　我哭淚河瀉

　정재화, <성헌 이병희에 대한 만사(挽李省軒 炳熹)>

　위 작품은 밀양에 살았던 이병희(李炳熹, 1859~1938)를
애도해 지은 것이다. 여기서 볼 수 있듯이 그가 가장 안타까
워하는 것은 사문(斯文)이 하나같이 잘못되어 가고 있는 현
실이다. "아아! 지금은 어떤 세상인가? 천지가 긴 밤 속으로
들어가려고 하네!"라고 하면서 절망했던 것이다. 이러한 한
탄은 단순한 수사적 표현이 아니다. 불화의 시대, 전통을 지

키려고 했던 동지들의 죽음과 홀로 남게 되는 안타까움이 적실히 반영된 것이기 때문이다. 이러한 정서는, "사문(斯文)은 어찌하여 철인을 잃었던가!", "장로들의 붉은 명정이 해가 갈수록 슬프게 하네" 등으로 반복해서 나타난다. 마지막 남은 선비들의 죽음은 사문의 죽음 바로 그것이었던 것이다.

둘째, 학문과 관련한 작품에 대해서다. 앞서 말했듯이 후산시의 대부분이 만사인데, 만사의 대부분이 학문과 결부되어 있다고 해도 과언이 아니다. 후산이 보기에 이들은, 자신은 물론이고 세상 사람들이 귀감으로 삼아 마땅한 인물들이었기 때문이다. 학문은 '신구(新舊)'가 아니라 다름 아닌 '마음'이 중요하다고 했다. 이 때문에 이주후의 만사에서, "신구를 어찌 논할 건가? 옳으면 함께하니, 행하는 곳이 마음공부인가를 볼 뿐이라네"라고 하면서, 몸소 실천하는 것을 근본으로 하는 마음공부가 공부의 목적임을 분명히 했다. 이러한 공부가 당시 사람들에게 부질없이 보일지도 모르나, 성패는 어떻게 귀결될지 모를 일이라 하기도 했다. 그렇다면, 그가 추구한 구체적인 공부의 내용은 무엇인가?

평생의 근신은 많은 글을 읽지 않는 데 있는데
책을 잡으면 무슨 까닭에 잠이 홀연히 막아서는고

어둡고 어리석으면 보잘것없는 성품을 이루나니
극복해 나가지 못하면 몸단속하는 것이 성글어진다네
공경으로 다른 데 가지 않게 해서 갈라진 길 합하고
정성으로 반드시 맑게 해서 망령된 생각을 없앤다네
날로 회복하고 달로 더해 조그만 빈틈도 없게 한다면
아홉 길에서 이루어지는 공을 나도 성취할 수 있으리

生平憂在廢多書　把卷緣何睡忽沮
認是昏愚殘質致　如非克去飭躬疎
敬能無適分歧合　誠必瀳然妄念除
日復月加空隙續　功成九仞或於余

정재화, <스스로 경계함(自警)>

산골짜기 주변에 고요한 집 하나 있으니
궁리하고 마음을 바로 하기에 적당하구나
경륜을 지금 세상에 펼칠 수는 없지만
도문학은 존덕성으로부터 온 것이라네
책을 잡고 한가로운 세월 속에서 실마리를 찾고
술병을 잡고 취해 우주 속에서 근심을 푼다네
기궁(箕弓)의 세업(世業)은 어디에 있는고
머리 돌려 보니 봄 산이 바로 고향인 것을

巒谷周遭寂一軒　要當究理正心根
經綸無可今時施　問學自來德性尊
把卷尋緒閒日月　引壺愁却醉乾坤
箕弓世業於何在　回首春山是故園

정재화, <장인섭의 유거에 차운함(次張麟燮幽居韻)>

　앞의 작품은 스스로를 경계하기 위해 지은 것이다. 여기
서 우리는 후산이 지향한 공부의 내용을 구체적으로 알게
된다. 성(誠)과 경(敬)을 기반으로 한 수양론이 바로 그것이
다. '성'은 참되어 조금의 거짓도 없는 진실무망(眞實無妄)
의 공부이며, '경'은 하나에 집중해 마음이 다른 곳으로 가지
않게 하는 주일무적(主一無適)의 공부다. 모두 성리학적 공
부론(工夫論)의 핵심 개념이다. 이러한 생각은 뒤의 작품에
그대로 이어져, 도문학(道問學)과 존덕성(尊德性)을 제시한
다. 전자가 외적인 학문을 통해 선한 덕성을 배양하는 것이
라면, 후자는 내적으로 인간이 선천적으로 갖고 있는 선한
덕성을 보존하는 것이다. 후산은 이 모두가 중요하지만 존
덕성이 더욱 근본이라 했다. 우리는 여기서 후산이 주자 및
퇴계의 생각에 정확하게 닿아 있음을 발견하게 된다.
　셋째, 서정과 관련한 작품에 대해서다. 후산에게 자연은
서정이 살아 있는 공간이자 안식의 공간이었다. 세상과 불

화하면서 마침내 귀의해 위안을 얻은 곳이 바로 이 자연이
었고, 노년기로 접어들면서 이러한 경향은 더욱 뚜렷해졌
다. 만년에 지은 <분수 밖의 한가로움(分外無事)>에서,
"고금의 치란은 모두 하늘에 달려 있고, 내가 숲속에 사는 것
은 세상 때문이 아니라네. 성현의 평소 이력도 이렇게 해 나
갔으니, 어찌 날마다 부지런히 배우지 않으리"라고 한 것에
서 이러한 사실이 분명하게 읽힌다. 그 연장 선상에서 다음
작품을 보자.

　　높은 산, 흐르는 물, 하늘에 뜬 저 달이
　　나의 집을 비춰 온 지 그 몇 해던고
　　세상일 마음에 없어 책으로 벗을 삼아
　　옛사람의 정담을 책상머리에서 마주하네

　　高山流水一天月　來照吾家幾歲年
　　世態無心書與伴　古人情話對床邊

　　　　　　　　　　　　　　　정재화, <유거(幽居)>

　　소슬한 맑은 경치는 문 앞에서 끝이 없고
　　동산의 송죽(松竹)은 마음대로 푸르다네
　　손을 맞고 보내기도 하지만 사람 없어 조용하니

시험 삼아 한잔 술 마시거나 혹 시를 지어 보네

蕭灑風光不盡楣　園中松竹碧參差
有賓迎送無人靜　試飮一盞或綴詩

정재화, <후산당(厚山堂)>

앞의 작품에서 후산은 '세태무심(世態無心)' 속의 독서를
제시했다. 이는 그가 자연 속에서 살아가는 것이 단순히 세
상과의 불화 때문이 아니라는 발언이다. 이는 의(義)를 기준
으로 세상 사람들과 다투었던 젊은 날의 모습과 판연히 다
르다. 세상과 일정한 거리를 두면서, 책을 통해 고인과 정담
을 나누는 모습을 제시하고 있기 때문이다. 앞의 작품에서
는 '나의 집'이라 했고, 뒤의 작품에서는 그의 당호인 '후산
당'을 아예 제목으로 삼았다. 이 후산당 주위로 높은 산과 흐
르는 시내가 있고, 소슬한 경치와 동산의 송죽이 있다. 그리
고 거기엔 드물게 찾아오는 사람들이 있고, 그 속에서 자신
은 독서와 시주(詩酒)를 즐긴다고 했다. 특히 일천월(一天
月)과의 만남은 그의 화해가 우주적 차원에서 이루어지고
있음을 보인 것이라 하겠다.

　이상에서 보듯이 후산의 시는 크게 보아 애도를 위한 시,
학문을 위한 시, 서정을 위한 시로 나누어 볼 수 있다. 애도

를 위한 시가 가장 많다는 것은 자신과 세계관을 같이했던 동지들과의 헤어짐을 가장 안타까워했다는 것을 의미한다. 그 동지들은 모두가 전통을 고수했던 인물들이니, 그들의 죽음은 사문(斯文)의 죽음, 바로 그것이었다. 학문을 위한 시에서는 성경(誠敬)을 기반으로 하는 성리학적 수양론을 특별히 강조했고, 서정을 위한 시에서는 자연을 매개로 한 우주적 화해를 표출했다. 만년에 등장하는 자연과 일치하는 이러한 모습은 공의(公義)에 기반한 지난날의 비판 정신과는 또 다른 모습이라 할 것이다.

후산의 지향 의식과 은구적 자세

이 글은 ≪후산졸언≫을 초역하면서 후산의 시문학 세계를 간단히 살펴본 것이다. 이 때문에 일제 강점기와 민족 해방 등 격변기를 살면서 형성된, 현실에 대한 고뇌와 젊은 날의 비판 의식을 충실히 다루지는 못했다. 한시가 원래 서정성이 강하므로 이를 담아내기엔 부족한 장르이기 때문이다. 이러한 한계에도 불구하고, 후산은 일제에 의한 가장 큰 화를 사람들의 심술(心術)에 끼치는 해악으로 보고, 170수의 시문학을 남겼다. 이제 시각을 좀 더 확대해 후산 시와 결부

된 그의 지향 의식을 살펴보기로 하자. 여기서 그의 은구적 자세도 함께 포착해 낼 수 있을 것이다.

먼저, 후산의 지향 의식에 대해서다. ≪후산졸언≫은 시간 순서에 따라 배열되어 있어 그의 의식의 변이 과정을 비교적 쉽게 간취할 수 있다. 분량 면에서도 그러하지만 처음에는 만사가 주를 이룬다. 죽은 사람을 애도하면서 불화의 시대를 함께한 동지들의 떠남에 대해 매우 안타까워했던 것이다. 장년을 거쳐 노년에 이르게 되면, 자연을 매개로 한 서정시가 주류를 이룬다. 현실 세계에 대한 관심보다도 이것과 일정한 거리를 유지하면서 자연과의 일체감으로 그가 지녔던 세상과의 불화를 해소하고자 했던 것이다. 우리가 여기서 주목하고자 하는 것은, 그의 시에 일관하는 학문 성향이다. 애도를 위한 시에서도 학문을 논했고, 자연 속에서도 독서와 양성을 제시했다. 다음 작품에도 이러한 생각이 복합적으로 녹아 있다.

집 뒤의 청산은 눈썹같이 굽이돌고
문 앞에는 흐르는 물, 물가엔 울타리
책상에 있는 고서는 선비의 기미요
이내 몸 세상길과 어긋나 자취가 잘못되었네
벼에는 단비가 없고 매미 소리 진동하는데

나무에는 맑은 그늘 깔리고, 흰 해는 더디게 가네
마음대로 가고 와 가다가 다시 머무나니
괴롭고 즐거움이 어디 간들 나의 때 아니랴

屋背靑山曲似眉　門前流水水邊籬
案有古書儒氣味　身違世路跡差池
秧無甘雨穉蟬動　樹落淸陰白日遲
來去委心行復止　苦歡何往不吾時

정재화, <우연히 읊음(偶吟)>

　이 작품에서 후산은 스스로의 삶을 '신위세로(身違世路)'
로 규정한다. 자신과 세상의 길이 서로 맞지 않는다는 것이
다. 이 때문에 그는 뒤로는 눈썹 같은 청산이 감돌고, 앞으로
는 물이 흐르는 곳에 집을 마련했는데, 그 집의 책상 위에는
고서가 놓여 있어 선비의 기품이 서려 있다고 했다. '신위세
로'는 사위 이성진(李聲鎭)에게 주는 편지에서 '여세상위(與
世相違)'로 표현되는 등 다양한 용어로 반복된다. 더욱이 정
종호의 제문에서는 '세여아이상위(世與我而相違)', 송준필
의 만사에서는 '차세여위(此世與違)'라고 해서, 현실과 불화
를 일으키며 숨어 지냈던 사람들을 특별히 기렸다. 그러니
까 이러한 삶을 극복하는 자리에 후산의 자연이 있었고, 또

한 학문이 있었던 것이다.

불화의 시대를 맞아 자연으로 귀의해서 독서 양성했지만, 그는 선비로서의 의로움을 여전히 견지하고 있었다. 책 속에는 그가 강조했던 성리학적 수양론인 성경(誠敬)을 비롯해 무궁한 의로움이 깃들어 있기 때문이다. 이 '의'를 기반으로 활동했으므로, 앞에서 논급했듯이 때로는 그에게 비난이 쏟아지기도 했다. 여기서 우리는 행의가 자연과 현실 속에서 함께 작동하고 있다는 것을 알게 된다. 그렇다면 이것을 후산은 그의 의식 속에 어떻게 구조화했을까? 여기에 대한 고민은 <후산기(厚山記)>에 집중적으로 나타난다. 그 일부를 들어 보자.

성현의 도는 그 득중(得中)을 가장 귀하게 여겼으니, 비록 겸손하다 하더라도 지나치거나 미치지 못한다면 성현의 도가 아니다. 그러므로 육오(六五)의 효사(爻辭)에는 "적을 치는 것이 이롭다"라고 했고, 상육(上六)의 효사(爻辭)에는 "군사를 내는 것이 이롭다"라고 했다. 이것은 소인은 더욱 소인이 되어 항상 복종하지 않기 때문이다. 군자는 여기에서 마땅히 나의 겸손이 지극한가 그렇지 못한가를 스스로 돌아보고, 저쪽을 치는 것을 알맞게 해서 나의 사읍(私邑)을 다스릴 따름이다.

정재화, <후산기(厚山記)>

이 글에는 후산의 지향 의식이 잘 나타나 있다. 후산의 '후'는 ≪주역≫ <곤괘> '후덕재물(厚德載物)'의 '후'이고, '산'은 ≪주역≫ <겸괘> '지산겸(地山謙)'의 '산'이다. 이를 합해서 후산이라 하고, 겸손과 득중(得中)을 성취하고자 했다. 그런데, 여기서 주목할 것이 있다. 겸손이 중도(中道)를 얻는 데 '의'가 깊이 관여하고 있다는 생각이 그것이다. 그 근거를 후산은 겸괘의 육오(六五)와 상육(上六)의 효사에서 찾았다. "적을 치는 것이 이롭다", "군사를 내는 것이 이롭다"라고 한 것이 그것이다. 이것은 겸손을 유지하되, '의'에 입각해 복종하지 않는 소인을 다루는 방법이다. 그의 비판 정신이 겸손 가운데도 살아 있으며, 비록 자연 속에서 독서하고 있을지라도, '의'는 매우 중요한 요소임을 강조한 것이라 하겠다.

다음은 후산의 삶에 보이는 은구적(隱求的) 자세를 검토해 보자. 우선 그의 생애가 근현대사와 맞물린다는 점을 주목할 필요가 있다. 일제 강점기에 청년 시절을 보냈던 그는, 저항의 일환으로 전통 학문을 했다. 당시 ≪천자문≫이 가장 많이 출판되고, 우리나라 천자문인 ≪동천자(東千字)≫류(類)도 새롭게 나왔던 것을 감안할 때, 후산이 이러한 흐름 속에서 전통 학문을 지키고자 했음을 알 수 있다. 이 때문에 정재기나 정종호 등 그의 스승은 물론이고, 노상직이나 송준필 등 이 계열에 서 있었던 사람들의 죽음은 그에게 커다란 충격을 줄 수밖에 없었다. 그의 작품에서 만사가 특별히 많은 이유가 바로 여기에 있다는 것은 이미 말한 바다.

우리는 여기서 은구형 사림파를 떠올리게 된다. 그의 삶과 문학이 이 계열의 문인들과 맞닿아 있기 때문이다. 성종대와 중종 대를 중심으로 사림파는 분화해, 관료형 사림, 방외형 사림, 은구형 사림으로 나누어진다. 이들은 모두 자연에 뜻을 두었지만, 관료형은 치인(治人)을 더욱 강조하며 현실에 나아가 왕도 정치를 구현하고자 했고, 방외형은 도불(道佛) 등 소위 이단 사상에 우호적이면서 현실에 대한 강한 비판 정신을 드러냈다. 그리고 은구형은 자연에 은거하면서 거기에 내재한 진리를 찾기 위해 노력했다. 후산은 세상과 불화하면서 자연에 은거했고, 성리학적 순수성을 지녔으며, 자연 속에서 독서 양성했으니, 바로 은구형 사림의 한 전형이라 하겠다. '은구'가 '숨어 살면서 그 뜻을 구한다(隱居以求其志)'라는 의미이니, 후산의 사상사적 좌표가 바로 여기에서 구성된다. 다음 작품에 이러한 사정이 잘 나타나 있다.

바람은 더운 기운을 따라 맑아지고

달은 갠 하늘에서 밝구나

거리의 떠들썩한 소리 밤이 되자 멎고

시냇물은 베갯머리에서 우는구나

시서(詩書)에 본디 품은 뜻을 두어

전원에 사는 것이 내 평생의 일이었네

사람들은 비록 어리석다 조롱하지만

세상을 경영하는 것은 내 뜻이 아니라네

風由暑氣淸　月得霽天明

街戲夜分歇　溪流枕上鳴

詩書存素志　畎畝是平生

人縱嘲愚拙　吾無向世營

　　　　　　　　정재화, <비 온 후 밤에 홀로(雨後獨夜)>

　여기서 후산은 '세영(世營)'과 '전원[자연]'을 대비하고 자연 속의 독서에 본뜻이 있다고 했다. 이로써 자연 속에 숨어서 그가 추구하는 고인의 뜻을 구할 수 있었다. 당대인들은 이를 두고 '우졸'하다며 조롱한다고 했다. 후산이 세상의 변화에 능동적으로 대응하면서, 세상과 함께하지 않았기 때문일 것이다. 그러나 그의 은구는 근대적 문명사회에서의 도태로 볼 수 없다. 일제 강점기를 거치면서 능동적으로 문명을 거부했고, 이것은 강한 저항 혹은 절개의 모습으로 나타나고 있기 때문이다. 이러한 저항은 조선 개국과 더불어 숨어 지내며 절개를 지켰던 처사 문인들, 성종~중종 시기를 거치면서 발생했던 은구형 사림들과 삶의 방식을 같이한다. 즉, 그는 조선이 멸망한 후 전조(前朝)인 조선을 위해 절개를 지켰던 것이다. 이와 관련해서 여기동은 후산의 행장에서 다음과 같이 썼다.

공이 살던 시대는 오랑캐가 침략해 있었던 때로, 당시 검은 옷을 입고[緇衣], 머리를 깎고[薙髮], 상을 짧게 치르고[短喪], 제사를 폐지하고[廢祭], 성씨를 고치게[改氏] 했으니, 공의 근심과 분함이 어떠했겠는가? 혹 핍박을 당할 때는 일경(日警)을 구타하기도 하고, 또 혹은 두 번 땅을 피해 요서 지역(遼西地域)으로 들어가 자정(自靖)의 계획을 세우기도 했다. 그러나 노모가 계셨기 때문에 돌아와 뵙지 않을 수 없었으니, 이것은 과연 어떠한 기상이었겠는가!

여기동, <정후산 자실 행장(鄭厚山子實行狀)>

여기서 보듯이, 일제는 우리로 하여금 검은 옷을 입고, 머리를 깎고, 상을 짧게 치르고, 제사를 폐지하고, 성씨들 고치게 하려고 했다. 그러나 후산은 흰옷을 입었고, 머리를 길러 보발을 했으며, 삼년상을 고수했고, 제사를 정성껏 모셨으며, 창씨개명을 거부했다. 당시 시행했던 공묘제 역시 반대했다. 이처럼 당대 제도의 거부라는 삶의 방식으로 저항했을 뿐만 아니라, 좀 더 적극적으로는 단발을 강요하는 일경을 구타하고 만주로의 망명길에 오르기도 했다. 어머니의 죽음으로 인해 마침내 망명은 이루어지지 않았지만 말이다.

후산은 그 스스로 고려를 위해 절개를 지킨 박가권(朴可權, ?~1426)을 사모해, <수륜동을 지나며 대나무와 잣나무가 푸르른 것을 보고 판윤 박 공의 굳은 절개를 생각하며(過修倫洞見竹柏靑蒼思判尹朴公岡僕苦節)>라는 장시를 짓기도 했다. 이러한 일련의 일을 들어 이상학은, "그 뜻[志]은 노중련(魯仲連)이 바다를 건너는 것과 같고, 그 의(義)는 백이숙제(伯夷叔齊)가 산에서 고사리를 캐 먹은 것과 같다"(<후산 처사 문집 서>)라고 평가하기도 했다. 후산의 삶을 전조에 대한 절개에 입각해 본 것이다.

후산은 분명 스스로가 '신위세로' 혹은 '여세상위'라 했듯이 세상과 불화한 지식인이었다. 그 불화는 다양한 방식으로 나타났지만, 결국 자연을 통해 화해하면서 작가 의식에 차원 변화가 일어났다. 또한 은구형 사림 계열의 후예로서 은거를 통해 그 뜻을 구하고자 했다. 사정이 이러함에도 불구하고, 그는 자신의 삶 속에서 '의로움'을 실천하고자 했다. 이것은 <후산기>에 잘 나타나 있다. 겸괘의 득중(得中)을 제시하면서, "적을 치는 것이 이롭다"라고 하는 ≪주역≫의 말을 특기하고 있기 때문이다. 이것은 후산이 은거하면서도 지식인의 비판 정신을 결코 잃지 않았다는 것을 방증한 것이라 하겠다.

근대가 고속 도로 위로 급속히 달려가던 시기, 일군의 지식인들은 오히려 조선에 절개를 지키면서 전통 학문을 고수하며 살았다. 그것은 마치 두문동 72현이 고려조에 절개를 지켰던 것과 같은 이치였다. 후산 역시 같은 계열의 지식인이었다. 그는 세상과 자신이 서로 어긋난다는 것을 절감하며, 불화의 시대를 동지들과 함께 극복하고자 했다. 그러나 동지들은 하나둘씩 세상을 떠나고 현실은 더욱 암흑 속으로 빠져들었다. 후산은 그 황량한 벌판에 홀로 서서 길을 물었다. 그리고 그 길을 발견했다. 자연이 바로 그것이었다. 이렇게 재발견한 자연 속에서 학문을 통해 흥취를 고양했고, '의'로써 현실적 긴장감도 유지했다. "머리 돌려 보니 봄 산이 바로 고향인 것을!"(<장인섭의 유거에 차운함>) 후산에게 자연은 구원이었는지도 모른다.

옮 긴 이 에 대 해

정우락(鄭羽洛)은 경북대학교 국어국문학과를 졸업하고, 같은 대학 대학원에서 석사와 박사 학위를 받았다. 경북대학교 국어국문학과 교수로 재직하고 있으며, 경상북도 문화재위원, 남명학연구원 상임연구위원 등을 겸하고 있다. 그동안 영산대학교 동양문화연구원장, 경북대학교 영남문화연구원장 등을 역임했다. 저서로는 ≪남명 문학의 철학적 접근≫(박이정, 1998), ≪남명 설화 뜻풀이≫(남명학연구원 출판부, 2001), ≪남명 문학의 현장≫(경인문화사, 2006), ≪남명과 이야기≫(경인문화사, 2007), ≪남명과 퇴계 사이≫(경인문화사, 2008), ≪문화 공간, 팔공산과 대구≫(글누림, 2009), ≪남명학파의 문학적 상상력≫(역락, 2009), ≪조선의 서정시인 퇴계 이황≫(글누림, 2009), ≪영남의 큰집, 안동 퇴계 이황 종가≫(예문서원, 2011), ≪삼국유사, 원시와 문명 사이≫(역락, 2012), ≪영남을 넘어, 상주 우복 정경세 종가≫(예문서원, 2013), ≪한강 정구와 무흘구곡 이야기≫(경인문화사, 2014), ≪남명학의 생성 공간≫(역락, 2014), ≪모순의 힘, 한국 문학과 물에 관한 상상력≫(경북대학교출판부, 2019) 등이 있으며, 역서로는 ≪탈초역주, 영총≫(경상북도·영남문화연구원, 2007, 공역), ≪역주 고대일록≫(태학사, 2009, 공역), ≪국역 흑산일록≫(경북대학교출판부, 2019) 등이 있다.

지역 고전학 총서

후산 시문선집

지은이 정재화
옮긴이 정우락
펴낸이 박영률

초판 1쇄 펴낸날 2022년 8월 28일

지만지한국문학
출판등록 제313-2007-000166호(2007년 8월 17일)
02880 서울시 성북구 성북로 5-11
전화 (02) 7474 001, 팩스 (02) 736 5047
commbooks@commbooks.com
www.commbooks.com

ⓒ 정우락, 2022

ISBN 979-11-288-6594-7 94810
979-11-288-6597-8 94810(세트)

책값은 뒤표지에 있습니다.

지역 고전학 총서 목록

<지역 고전학 총서>는 서울 지역의 주요 문인에 가려 소외되었던 지역 학자의 다양한 고전을 발굴 출판합니다.

≪가암 시집≫
전익구 지음, 김승룡 최금자 옮김, 200쪽, 18800원
경북 예천 지역 선비 가암 전익구의 시 81수 수록. 그는 평생 관직에 진출하지 않고 상주 우산 근처에서 학문과 시문에 힘썼다. 자연스럽고 구속됨이 없는 시는 그가 평생 견지한 수양의 자세를 보여 준다.

≪관복암 시고≫
김숭겸 지음, 노현정 옮김, 608쪽, 36800원
19세로 요절한 조선의 천재 시인 김숭겸은 명망 높은 집안에서 태어나 빼어난 시적 재능을 보였다. 13세부터 19세까지 지은 시만으로 조선 시문학사에 빛나는 족적을 남겼다. 242제 299수 모두 수록.

≪금강산 관상록≫
구하 지음, 최두헌 옮김, 290쪽, 22800원
근대 통도사의 선승이자 시승인 구하 스님의 금강산 여행기와 관상시. 금강산의 각 사찰과 소장 유물 등을 상세히 밝히고 순례자의 눈으로 금강산의 모습을 묘사한다.

≪목재 시선≫
홍여하 지음, 최금자 옮김, 256쪽, 18800원
17세기 조선 학자 목재 홍여하의 시 97수 수록. 임진왜란과 병
자호란, 명의 멸망과 청의 등장이라는 대격변 속에서 올바른 학
자의 역할을 수행하고자 애쓴 지식인의 고민이 담겼다.

≪서천 시문선집≫
조정규 지음, 전설련 옮김, 190쪽, 18800원
유학을 통해 국권 회복을 이루고자 했던 조정규가 중국을 다녀
오며 기록한 일기, 시, 필담, 편지글, 제문 수록. 근대 전환기 유
학자로서의 현실 인식과 대응, 지역 학자들의 인맥 관계, 동아시
아에 대한 인식을 읽어 낼 수 있다.

≪양포유고≫
최전 지음, 서미나 옮김, 254쪽, 20800원
최전은 신동으로 유명했고 신흠, 이항복, 이정귀는 그의 시를 이
백에 견주었다. 명나라에서도 절찬했다. 22세에 요절해 자취가
끊긴 조선의 천재 시인을 다시 찾았다.

≪이재 시선 1≫
황윤석 지음, 이상봉 옮김, 310쪽, 22800원
호남 선비 황윤석의 일기 ≪이재난고≫ 가운데 중요한 시들을
가려 묶었다. 젊은 시절 작품 99수 수록. 과거 공부를 통한 입신
출세와 학자로서의 삶 사이에서 고뇌하는 청년 황윤석을 만날
수 있다.